L'Histoire de France
de la Préhistoire à nos jours

Catherine Martin

© L'Histoire en dates, Paris 2024.

Avant-propos

Réaliser une chronologie historique n'est jamais une mince affaire, et est toujours un travail de longue haleine.

Dans cet ouvrage, j'ai voulu répertorier toutes les dates importantes qui ont participé à la création de la France comme nous la connaissons aujourd'hui.

Pour cela, l'ouvrage est divisé en plusieurs chapitres, qui vont de la Préhistoire à nos jours. Chaque chapitre comporte quant à lui différentes sous-parties.

L'important pour moi était aussi que le lecteur puisse se situer dans le temps tout le long de sa lecture. Pour cela, une frise chronologique se trouve en bas de chaque double-page, qui rappelle les dates vues sur ces dernières. Divers encadrés vous donneront également de courtes biographies sur les personnages importants cités, et ce, tout le long du livre.

Enfin, une chronologie est à retrouver en fin d'ouvrage, qui donne une vue d'ensemble sur la gouvernance de la France, des Mérovingiens jusqu'à la Vè République.

Je vous souhaite une très bonne lecture.

SOMMAIRE

La Préhistoire

Les premiers habitants
Première présence humaine en France 10
La Grotte Chauvet 11

L'Antiquité

La Gaule celtique
Début de l'âge de bronze en France 14
Début de l'Âge du Fer 15
Fondation de Massalia par les Grecs 16
Période de La Tène, apogée de la culture celtique 16

La conquête romaine
Début de la Guerre des Gaules 17
Bataille du Morbihan 18
Bataille d'Alésia 18
La fin de la Guerre des Gaules 19
Création de la province romaine de Gaule par Auguste 20

La fin de l'Empire romain
L'édit de Caracalla 20
Les invasions barbares en Gaule 21
Bataille des Champs Catalauniques 21

Le Moyen-Âge

Les Mérovingiens, Carolingiens et Capetiens
Avènement de Clovis, roi des Francs 24
Baptême de Clovis, début du christianisme parmi les Francs .. 24
Bataille de Vouillé 25
Bataille de Poitiers 26

Pépin le Bref devient roi des Francs, début de la dynastie carolingienne 26

Couronnement de Charlemagne comme empereur 27

Traité de Verdun, partage de l'empire carolingien 28

Capitulaire de Quierzy, début de la féodalité 28

Traité de Saint-Clair-sur-Epte, fondation de la Normandie 29

Hugues Capet devient roi, début de la dynastie capétienne 30

Féodalités et Croisades

Avènement de Philippe Ier, début de l'essor capétien 31

Conquête normande de l'Angleterre par Guillaume le Conquérant 31

Première croisade 32

Concordat de Worms, fin de la Querelle des Investitures 33

Union de la couronne de France et du duché d'Aquitaine, mariage de Louis VII et Aliénor d'Aquitaine 33

Règne de Philippe Auguste, agrandissement du territoire français 34

Conquête de la Normandie par Philippe Auguste 34

Bataille de Bouvines 35

Fin de la Croisade des Albigeois 35

Traité de Paris, Henri III d'Angleterre reconnaît la suzeraineté de Louis IX sur les territoires français 36

La Guerre de Cent Ans

Début de la guerre de Cent Ans 37

Bataille de Crécy 38

Bataille de Poitiers 38

Traité de Brétigny 39

Bataille d'Azincourt 39

Traité de Troyes 40

Jeanne d'Arc et le siège d'Orléans 41

Exécution de Jeanne d'Arc 41

Bataille de Castillon, fin de la guerre de Cent Ans 42

La fin du Moyen-Âge

Accession de Louis XI, consolidation de l'autorité royale 43

Mort de Charles le Téméraire, expansion de la France vers l'est 44

Fin de la guerre folle 45

Première Guerre d'Italie 45

Accession de Louis XII, début de la Renaissance française 46

Renaissance et Réformes

La Renaissance française

Victoire de François Ier à Marignan et début de la Renaissance en France 50

Règne de François Ier 50

Fondation du Collège de France 51

Ordonnance de Villers-Cotterêts 51

Avènement d'Henri II 52

Retour de Calais sous souveraineté française 53

Début du règne personnel de Charles IX 54

Les guerres de religion

Début des guerres de religion en France 55

Paix de Saint-Germain-en-Laye 56

Massacre de la Saint-Barthélemy 57

Fondation de la Ligue catholique 57

Assassinat d'Henri III, Henri de Navarre devient Henri IV 58

Conversion d'Henri IV au catholicisme 58

Signature de l'Édit de Nantes 59

Henri IV et l'édit de Nantes

Entrée d'Henri IV à Paris, réunification de la France 60

Mariage d'Henri IV avec Marie de Médicis 60

Fondation de l'Académie française par Henri IV 61

Paix de Saint-Julien avec les protestants 62

Assassinat d'Henri IV par Ravaillac 62

L'Âge classique

Le règne de Louis XIII et Richelieu

Accession au trône de Louis XIII 66

Assassinat de Concino Concini, prise de pouvoir effective de Louis XIII 66

Cardinal de Richelieu devient le principal ministre du roi 67

Siège de La Rochelle, répression des protestants 68

Entrée en guerre de la France contre l'Espagne dans la Guerre de Trente Ans 68

Mort de Louis XIII, début de la régence d'Anne d'Autriche et Mazarin 69

Louis XIV et la monarchie absolue

Accession au trône de Louis XIV 70

La Fronde 70

Mort de Mazarin, début du règne personnel de Louis XIV 71

Début de la guerre de Hollande 72

Installation de la cour à Versailles 72

Révocation de l'Édit de Nantes 73

Guerre de Succession d'Espagne 73

Mort de Louis XIV, début de la régence de Philippe d'Orléans 74

L'Ancien Régime et ses crises

Guerre de Succession d'Autriche 75

Signature du traité d'Aix-la-Chapelle 75

Publication de l'Encyclopédie de Diderot 76

Guerre de Sept Ans 77

Convocation des États généraux par Louis XVI 77

Ouverture des États généraux, début de la Révolution française 78

La Révolution française et l'Empire

La Révolution française

Prise de la Bastille 82
Adoption de la DDHC 82
Fuite du roi Louis XVI à Varennes 83
Proclamation de la Première République 83
Exécution de Louis XVI 84
Période de la Terreur sous Robespierre 84
Fondation de l'École normale supérieure 85
Établissement du Directoire 85

Napoléon Bonaparte et les guerres napoléoniennes

Bataille de Marengo 86
Coup d'État du 18 Brumaire 86
Création de la Légion d'honneur 87
Napoléon se couronne empereur des Français 87
Bataille de Trafalgar 88
Bataille d'Austerlitz 88
Bataille d'Iéna 88
Campagne de Russie 89
Première abdication de Napoléon, retour de la monarchie 89
Cent-Jours et défaite de Waterloo, seconde abdication de Napoléon 90

Le XIXe siècle

La Restauration et la monarchie de Juillet

Restauration de la monarchie avec Louis XVIII 94
Révolution de Juillet, avènement de Louis-Philippe Ier et de la monarchie de Juillet 94

Révolte des Canuts à Lyon, grande révolte ouvrière 96
Lois Guizot sur l'instruction primaire 96
Révolution de Février, abdication de Louis-Philippe Ier 97

La Révolution de 1848 et le Second Empire

Établissement de la Deuxième République 98
Coup d'État de Louis-Napoléon Bonaparte 98
Proclamation du Second Empire par Napoléon III 99
Défaite française à Sedan, chute du Second Empire 99

La Troisième République et la Belle Époque

La Commune de Paris 100
Traité de Francfort, fin de la Guerre franco-prussienne 100
Lois Jules Ferry 101
Inauguration de la Tour Eiffel 101
Affaire Dreyfus 102
Loi de séparation des Églises et de l'État 102

Prémices de la Première Guerre mondiale

Crise d'Agadir, tensions coloniales franco-allemandes 103
Assassinat de l'archiduc François-Ferdinand 103

Les guerres mondiales et l'entre-deux-guerres

La Première Guerre mondiale

Début de la Première Guerre mondiale 108
Bataille de Verdun 108
Entrée des États-Unis dans la guerre 109
Armistice du 11 Novembre, fin de la Première Guerre
mondiale 110

L'entre-deux-guerres

Signature du Traité de Versailles 111
Fondation du Parti communiste français 111
Création de la Société des Nations 112

Crise économique, intervention de Poincaré pour stabiliser la monnaie ... 112

Front populaire au pouvoir, mise en place des congés payés et de la semaine de 40 heures ... 113

Accords de Munich ... 114

Pacte germano-soviétique, fin de l'entre-deux-guerres ... 114

La Seconde Guerre mondiale

Invasion et défaite de la France, Régime de Vichy établi ... 115

Appel du général de Gaulle ... 116

Rafle du Vélodrome d'Hiver ... 116

Débarquement en Normandie ... 117

Droit de vote accordé aux femmes ... 117

Capitulation de l'Allemagne, fin de la Seconde Guerre mondiale ... 118

L'après-guerre et le XXe siècle

La reconstruction et la IVe République

Création de la Sécurité sociale en France ... 122

Adoption de la Constitution de la IVe République ... 122

Début de la Guerre d'Algérie ... 123

Crise de la IVe République et fondation de la Ve République .. 123

La Ve République et de Gaulle

Charles de Gaulle devient Président de la République ... 124

Élection du président au suffrage universel direct ... 124

Accords d'Évian, fin de la guerre d'Algérie ... 125

Mouvements sociaux de mai ... 125

Démission de de Gaulle ... 126

Les années 1980 et 1990

Élection de François Mitterrand ... 127

Co-fondation de l'espace Schengen ... 127

Signature du traité de Maastricht ... 128

Inauguration d'Euro Disney près de Paris 128
Grèves contre les réformes de la sécurité sociale 129
Adoption de l'euro comme monnaie officielle 129

Le XXIe siècle

Les défis contemporains

Le 11 Septembre et la place de la France dans la lutte contre le terrorisme international 132
Référendum sur la Constitution européenne 132
Élection de Nicolas Sarkozy 133
Élection de François Hollande 133
Mariage pour tous 134
Attaques terroristes à Charlie Hebdo et au Bataclan 134

La France dans la mondialisation

Élection d'Emmanuel Macron 136
Mouvement des Gilets jaunes 136
Incendie de Notre-Dame de Paris 137
Pandémie de COVID-19 137
Présidence française de l'Union européenne 138
Réélection d'Emmanuel Macron 138

Perspectives pour l'avenir

Enjeux environnementaux et transition énergétique 139
Défis technologiques et numériques 140
Adaptation à un monde en mutation rapide 140

Chronologie 144

La Préhistoire

➤ Première présence humaine en France
➤ La Grotte Chauvet

600 000 - 400 000 av. J.-C.

Les premiers habitants

L'histoire de la France remonte à une époque lointaine où les premières traces de présence humaine témoignent de la naissance de son peuplement.

Entre -600 000 et -400 000, la préhistoire française dévoile les pas des Homo erectus et d'autres hominidés primitifs, laissant derrière eux des vestiges exceptionnels, comme par exemple à Terra Amata, près de Nice.

Première présence humaine en France

Entre -600 000 et -400 000, la France connaît ses premières traces de présence humaine, marquant l'aube de son peuplement. Cette période, profondément ancrée dans la Préhistoire, est caractérisée par la présence d'homo erectus et d'autres hominidés primitifs.

Le site le plus emblématique de cette époque est Terra Amata, situé près de Nice sur la Côte d'Azur. Des découvertes avaient été révélées dès 1958, mais il faudra attendre 1966 pour que de réelles fouilles archéologiques soient entreprises, sous la direction de Henry de Lumley.

Les fouilles sur ce site ont révélé des vestiges exceptionnels : des outils de pierre, des restes de feux de camp, et des structures d'habitation rudimentaires. Ces découvertes ont apporté un éclairage précieux sur les modes de vie des premiers habitants de ce qui allait devenir la France, démontrant leur capacité à maîtriser le feu, à chasser, et à s'adapter à un environnement changeant.

- -600 000
- -400 000
  Site de Terra Amata (1966)

Plus tard, vers -35 000, la découverte de la Grotte Chauvet dans l'Ardèche offre un trésor unique : une collection d'art pariétal d'une sophistication artistique étonnante, immortalisant la vie et la culture des hommes de Cro-Magnon.

La Grotte Chauvet

La Grotte Chauvet, découverte en 1994 dans le département de l'Ardèche, est un trésor de l'art préhistorique mondial.

Datant d'environ -35 000, cette grotte renferme l'une des plus anciennes et des plus impressionnantes collections d'art pariétal connues à ce jour. Ses parois sont ornées de peintures et de gravures représentant une grande variété d'animaux : lions, rhinocéros, chevaux, bisons, et même des espèces disparues comme le mammouth.

La sophistication artistique et la conservation remarquable de ces œuvres offrent un aperçu fascinant de la vie et de la culture des hommes de Cro-Magnon. La Grotte Chauvet est un témoignage poignant de la richesse de l'expression artistique humaine et de l'importance de la France dans l'histoire de l'art préhistorique.

35 000 av. J.-C.

Deux périodes marquantes

Ces deux périodes marquantes témoignent de la profondeur de l'histoire préhistorique de la France, de la maîtrise des premiers habitants à l'éclat artistique des temps paléolithiques.

- -35 000
Grotte de Chauvet (1994)

L'Antiquité

- La Gaule celtique
- La conquête romaine
- La fin de l'Empire romain

La Gaule celtique

2 300-800 av. J.-C.

Le début de l'Âge du Bronze en France, marqué par une transition significative entre la Préhistoire et l'Antiquité, témoigne de l'émergence de nouvelles avancées technologiques et culturelles. Cet âge voit l'introduction du bronze, alliage de cuivre et d'étain, comme matériau de prédilection pour la fabrication d'outils, d'armes, et d'objets rituels.

Début de l'âge du bronze en France

Aux alentours de -2300, la France entre dans l'âge du Bronze, une période marquée par un bond technologique et culturel majeur. Cette ère se caractérise par l'usage du bronze, un alliage de cuivre et d'étain, révolutionnant la fabrication d'outils, d'armes et d'ornements.

Le développement de la métallurgie du bronze en France s'inscrit dans un contexte plus large d'échanges et d'interactions culturelles à travers l'Europe. Les objets en bronze de cette époque, souvent retrouvés dans des sépultures ou des dépôts rituels, témoignent d'une société de plus en plus hiérarchisée et complexe.

L'âge du Bronze est également marqué par des avancées dans l'agriculture, l'artisanat et les structures sociales, posant les fondations des développements futurs de la civilisation en France.

- **-2 300**
Début de l'âge de bronze en France

L'aube de la Gaule celtique en France marque une période charnière de son histoire ancienne. Les Celtes, venus d'Europe centrale, ont commencé à exercer leur influence sur le territoire français, apportant avec eux leur culture, leur artisanat, et leur organisation sociale distinctifs.

Début de l'Âge du Fer et émergence de la culture celtique

Vers -800, la France entre dans l'Âge du Fer, période définie par l'introduction et la maîtrise du fer, un matériau plus dur et plus durable que le bronze. Cette transition, souvent associée à l'arrivée ou à l'influence des peuples celtiques, marque un tournant significatif dans l'histoire pré-romaine de la région. La culture celtique, avec ses traditions distinctes, son artisanat raffiné et ses systèmes sociaux complexes, commence à se diffuser et à prendre racine en Gaule.

L'Âge du Fer est caractérisé par l'émergence de puissantes tribus celtiques, le développement de l'urbanisation (oppida), et une plus grande sophistication dans l'art et l'artisanat, comme en témoignent les objets retrouvés dans des sites archéologiques.

Cette période jette les bases de la société qui allait rencontrer et interagir avec le monde méditerranéen antique, en particulier les Romains, façonnant ainsi l'histoire future de la France.

La Gaule celtique

Cette période initiale de l'âge du Fer est le prélude à une riche histoire où se mêlent les récits des tribus celtiques, leurs conflits et alliances, créant les fondements d'une civilisation celte florissante.

- -800
Début de l'âge de Fer en France
Emergence de la culture celtique

Fondation de Massalia par les Grecs

En -600, Massalia, l'actuelle Marseille, est fondée par des marins et commerçants grecs provenant de la ville de Phocée, en Asie Mineure. Cette fondation marque l'un des premiers établissements grecs en Gaule et joue un rôle crucial dans l'histoire de la Méditerranée occidentale.

Massalia devient rapidement un important port commercial, servant de pont entre le monde méditerranéen et les régions intérieures de l'Europe.

La ville se distingue par sa culture cosmopolite, où se mêlent influences grecques et traditions locales. Massalia joue un rôle significatif dans la diffusion des technologies, des idées et des pratiques grecques, notamment dans les domaines de l'agriculture, de l'artisanat, et de l'alphabet, influençant ainsi profondément le développement culturel et économique de la Gaule.

Période de La Tène, apogée de la culture celtique

La période de La Tène, s'étendant approximativement de -450 à -25, représente l'apogée de la culture celtique en Europe, et notamment en Gaule. Elle tire son nom du site archéologique de La Tène, en Suisse, où des objets caractéristiques de cette culture ont été découverts.

Cette ère est marquée par une grande richesse artistique et artisanale, visible dans l'orfèvrerie, la poterie et les armements. La culture matérielle de La Tène se distingue par son style artistique complexe et ses motifs géométriques et naturels élaborés.

- **-600**
Fondation de Massalia par les Grecs

- **-450**
Début de la période de La Tène

Sur le plan socio-politique, la période de La Tène est caractérisée par la formation de chefferies et de royaumes celtiques puissants, une organisation sociale plus complexe, et l'expansion du commerce à longue distance. Les Celtes de La Tène sont également connus pour leurs compétences en matière de métallurgie et pour leur cavalerie redoutable.

Cette période se termine avec la conquête romaine de la Gaule, mais son héritage culturel et artistique perdure, influençant profondément l'histoire et la culture de la France.

La conquête romaine

Début de la Guerre des Gaules

En l'an -58 av. J.-C., débute un chapitre majeur de l'histoire de la Gaule et de l'expansion romaine : la Guerre des Gaules. Ce conflit, initié par Jules César, alors proconsul de la République romaine, s'inscrit dans le contexte des rivalités politiques et des luttes pour le pouvoir à Rome.

La Guerre des Gaules oppose les légions romaines aux tribus gauloises dirigées par le chef arverne Vercingétorix. Ce dernier, unificateur charismatique, tente de fédérer les peuples gaulois pour résister à l'influence grandissante de Rome. Les batailles qui se déroulent au cours de cette campagne, telles que la bataille de Gergovie et celle d'Alésia, deviennent des moments emblématiques de cette guerre acharnée.

La Guerre des Gaules non seulement redéfinit les frontières géographiques de la Gaule, mais elle laisse également une empreinte durable sur la mémoire collective de la région, marquant le début d'une nouvelle ère sous la domination romaine.

58 av. J.-C.

- -58
Début de la Guerre de Gaules

Jules César (100 av. J.-C. - 44 av. J.-C.)
Général et homme d'État romain, célèbre pour ses exploits militaires, sa carrière politique exceptionnelle, et son rôle clé dans la transformation de la République romaine en un empire sous son commandement.

Bataille du Morbihan

56 av. J.-C.

En -56 av. J.-C., la Bataille du Morbihan constitue un épisode significatif de la Guerre des Gaules, mettant en scène la confrontation entre les légions romaines de Jules César et les redoutables Vénètes, une puissante confédération maritime gauloise établie dans la région actuelle du Morbihan.

Cette bataille, marquée par des enjeux stratégiques et navals, témoigne de la maîtrise tactique de Jules César dans des contextes variés. Les Vénètes, experts de la navigation, opposent une résistance farouche, mais les compétences militaires romaines, combinées à des stratégies ingénieuses, permettent à César de remporter une victoire cruciale.

Cette réussite consolide davantage la position de Rome dans la région, contribuant à la soumission progressive des tribus gauloises face à l'expansion romaine. La Bataille du Morbihan s'inscrit ainsi comme un moment charnière, renforçant la réputation militaire de Jules César et influençant le cours ultérieur de la Guerre des Gaules.

Bataille d'Alésia

52 av. J.-C.

En -52 av. J.-C., la Bataille d'Alésia demeure un épisode emblématique de la Guerre des Gaules, symbolisant la fin de la résistance gauloise face à l'expansion romaine.

Sous le commandement de Vercingétorix, les forces gauloises se retrouvent assiégées à Alésia par les légions de Jules César. Le siège, caractérisé par des fortifications impressionnantes mises en place par les Gaulois, devient un théâtre spectaculaire où les deux camps s'affrontent dans une lutte acharnée.

- -56 Bataille du Morbihan
- -52 Bataille d'Alésia
- -50 Fin de la Guerre des Gaules

Malgré la bravoure et le leadership de Vercingétorix, les ressources gauloises s'épuisent, et la situation devient de plus en plus précaire. Finalement, les Romains réussissent à briser les défenses, scellant ainsi le destin de Vercingétorix. La défaite à Alésia marque la fin de la résistance organisée des Gaulois face à l'occupation romaine, consolidant le pouvoir de Jules César et pavant la voie à l'intégration de la Gaule dans l'Empire romain.

Cette bataille demeure un tournant décisif dans l'histoire de la conquête romaine en Gaule.

La fin de la Guerre des Gaules

En -50 av. J.-C., la Guerre des Gaules touche à sa conclusion. Cette année est marquée par la victoire incontestable de César et la soumission progressive de la Gaule à l'autorité romaine. La conquête romaine de la Gaule aboutit à l'intégration complète de la région dans l'Empire romain.

Jules César, ayant établi sa domination militaire et politique, consolide son pouvoir et entreprend des réformes visant à organiser la Gaule en tant que province romaine. Cette période de transition marque le début d'une nouvelle ère pour la Gaule, désormais étroitement liée à l'Empire romain sur les plans administratif, culturel, et économique.

La fin de la Guerre des Gaules est ainsi synonyme de l'achèvement du processus d'annexion et d'une transformation profonde de la structure politique et sociale de la Gaule sous le joug de Rome.

Vercingétorix (-82 av. J.-C. à -46 av. J.-C.)

Chef militaire gaulois de la tribu arverne, connu pour son rôle central dans la résistance contre l'invasion romaine dirigée par Jules César lors de la Guerre des Gaules. Après sa défaite à la Bataille d'Alésia en -52 av. J.-C., Vercingétorix fut capturé et exécuté par les Romains.

27 av. J.-C. — Création de la province romaine de Gaule par Auguste

En l'an -27 av. J.-C., Auguste, le premier empereur romain, consolide la domination romaine sur la Gaule en créant la province romaine de Gaule. Cette décision marque la fin de la période de conquête initiée par Jules César et symbolise la transition de la République romaine vers l'Empire romain. La création de la province de Gaule représente un acte politique majeur d'Auguste, visant à organiser administrativement cette vaste région conquise et à intégrer les Gaulois dans l'ordre impérial. Cet événement a des implications durables sur la structure politique, économique et culturelle de la Gaule.

La fin de l'Empire romain

212 — L'édit de Caracalla

En 212, l'empereur romain Caracalla émet l'édit éponyme, connu sous le nom d'édit de Caracalla, qui confère la citoyenneté romaine à tous les habitants libres de l'Empire romain.

Cette proclamation révolutionnaire représente un changement significatif dans la politique impériale, visant à élargir la base citoyenne et à renforcer le lien entre les diverses régions de l'Empire. L'édit de Caracalla reflète une tentative d'intégration politique et sociale à grande échelle, unifiant les populations au sein de l'Empire romain sous une identité citoyenne commune, avec des conséquences profondes pour la structure sociale et politique de l'époque.

- -27
Création de la province romaine de Gaule

- 212
Edit de Caracalla

Les invasions barbares en Gaule

Entre 276 et 297, la Gaule fait face à des vagues d'invasions barbares qui laissent une empreinte significative sur la région. Durant cette période, divers peuples germaniques et germano-sarmates franchissent les frontières de l'Empire romain et pénètrent en Gaule, provoquant des conflits et des bouleversements.

Ces invasions exacerbent les tensions politiques et militaires, contribuant à la fragilisation de l'Empire romain en Gaule. Ces événements préfigurent les changements qui se produiront plus tard avec le déclin de l'Empire romain d'Occident et l'émergence des royaumes barbares dans la région.

Bataille des Champs Catalauniques

En 451, la Bataille des Champs Catalauniques constitue un épisode crucial au cours duquel une coalition romano-barbare dirigée par le général romain Aetius et le roi wisigoth Théodoric I affronte les Huns menés par Attila.

Cette bataille, également connue sous le nom de Bataille de Châlons, s'inscrit dans la tentative de stopper l'invasion d'Attila en Gaule. Bien que le résultat soit ambigu, la Bataille des Champs Catalauniques marque un tournant stratégique en ralentissant l'avancée des Huns et en préservant momentanément l'intégrité de l'Empire romain d'Occident. Elle symbolise également la confrontation entre les grandes puissances de l'époque et reste un moment clé dans l'histoire des migrations barbares en Europe.

Attila (406-453)

Roi des Huns, peuple nomade d'Asie centrale. Surnommé le "Fléau de Dieu", Attila a dirigé des invasions destructrices en Europe au Ve siècle, menant son armée redoutable vers l'ouest et jouant un rôle central dans la chute de l'Empire romain d'Occident.

- 276 - 297 Invasions barbares
- 451 Bataille de Châlons

Le Moyen-Âge

➤ Les Mérovingiens et Carolingiens

➤ Féodalité et croisades

➤ La guerre de Cent Ans

➤ La fin du Moyen Âge

Les **Mérovingiens, Carolingiens** et **Capetiens**

481 — Avènement de Clovis, roi des Francs

En 481, Clovis devient roi des Francs. À cette époque, les Francs, un peuple germanique, sont l'une des nombreuses tribus qui se sont installées dans les territoires de l'ancien Empire romain d'Occident. L'avènement de Clovis est crucial car il pose les bases de ce qui deviendra le royaume des Francs, un précurseur de l'État français moderne.

Sous son règne, Clovis étend son territoire par des campagnes militaires réussies, unifiant ainsi une grande partie de la Gaule sous son autorité. Il est reconnu pour sa capacité à allier habileté politique et prouesses militaires, jouant un rôle déterminant dans la formation de l'identité médiévale de la France.

496 — Baptême de Clovis, début du christianisme parmi les Francs

Le baptême de Clovis en 496 est un moment pivot dans l'histoire du christianisme en Europe. Avant ce moment, bien que le christianisme ait été présent en Gaule, les Francs étaient majoritairement païens. Le baptême de Clovis, selon la tradition, aurait eu lieu à Reims, et il marque la conversion du roi des Francs au christianisme.

Cet événement a une portée considérable, car il conduit à la christianisation des Francs et solidifie les liens entre la monarchie franque et l'Église chrétienne. Cette alliance entre le pouvoir temporel et l'autorité spirituelle joue un rôle fondamental dans l'histoire de la France médiévale.

Clovis I (c. 466-511)

Premier roi des Francs à unifier les tribus franques sous son règne. Sa conversion au christianisme et sa victoire à la bataille de Tolbiac ont marqué le début de l'influence chrétienne chez les Francs et ont jeté les bases de la dynastie mérovingienne en France.

- 481 Avènement de Clovis
  - 496 Baptême de Clovis
    Début du christianisme parmi les Francs

La conversion de Clovis contribue également à l'établissement du royaume franc comme une puissance majeure dans l'Europe chrétienne, influençant le cours politique, culturel et religieux de la région.

Bataille de Vouillé

La bataille de Vouillé, survenue en 507, est un affrontement décisif entre les Francs, dirigés par Clovis, et les Wisigoths, menés par leur roi Alaric II. Cette bataille se déroule près de Poitiers, dans l'ouest de la Gaule. La victoire de Clovis marque un tournant majeur dans l'histoire de la France médiévale. En triomphant des Wisigoths, Clovis étend son royaume bien au-delà de ses frontières initiales, incorporant une grande partie de la Gaule, y compris l'Aquitaine.

Cette expansion territoriale renforce considérablement le pouvoir des Francs en Europe occidentale. La bataille de Vouillé a également des implications religieuses, car elle affaiblit considérablement le royaume arien des Wisigoths au profit du royaume catholique de Clovis, renforçant ainsi le catholicisme en Europe occidentale.

Les Wisigoths

Peuple germanique d'origine gotique qui a émigré depuis l'Europe de l'Est vers l'ouest, établissant un royaume en Hispanie après la chute de l'Empire romain d'Occident. Ils ont joué un rôle important dans l'histoire de la péninsule ibérique et de l'Europe au cours de l'Antiquité tardive et du début du Moyen Âge.

- 507
Bataille de Vouillé

732 — Bataille de Poitiers

La bataille de Poitiers, également connue sous le nom de bataille de Tours, se déroule en 732 et oppose les forces franques et bourguignonnes, dirigées par Charles Martel, aux armées musulmanes d'Al-Andalus, sous le commandement d'Abdul Rahman Al Ghafiqi. Cette bataille est souvent considérée comme un événement crucial pour l'histoire européenne, car elle marque l'arrêt de l'expansion musulmane au nord des Pyrénées.

La victoire de Charles Martel est vue comme un tournant qui a permis de préserver le christianisme en Europe occidentale et d'éviter l'islamisation de régions comme la Gaule. La bataille de Poitiers a également renforcé la position de Charles Martel et des Carolingiens, jetant les bases de leur montée en puissance et de la formation ultérieure de l'Empire carolingien.

751 — Pépin le Bref devient roi des Francs, début de la dynastie carolingienne.

En 751, Pépin le Bref, maire du palais et fils de Charles Martel, est proclamé roi des Francs, mettant fin à la dynastie mérovingienne et inaugurant l'ère carolingienne. Cette transition est remarquable, car elle se fait avec l'approbation du pape Zacharie, marquant ainsi l'alliance croissante entre la papauté et le royaume franc.

Pépin le Bref, reconnu pour son habileté politique et militaire, consolide l'autorité royale et étend les territoires du royaume.

Charles Martel (c. 688-741)

Dirigeant franc et le maire du palais du royaume franc. Connu pour sa victoire décisive à la bataille de Poitiers en 732, il a arrêté l'avancée musulmane en Europe occidentale, marquant un moment clé dans l'histoire médiévale européenne.

- 732 Bataille de Poitiers
  - 751 Pépin le Bref devient roi des Francs
    Début de la dynastie carolingienne

Sa montée sur le trône représente un changement significatif dans la manière dont le pouvoir royal est perçu et légitimé, avec une importance croissante accordée à l'onction sacrée par l'Église. Le règne de Pépin le Bref jette les bases d'une période de renouveau culturel et de consolidation politique, qui atteindra son apogée sous son fils, Charlemagne.

Couronnement de Charlemagne comme empereur

Le couronnement de Charlemagne comme empereur par le pape Léon III, le jour de Noël de l'an 800, est un moment charnière de l'histoire médiévale européenne. Cet événement symbolise l'union du pouvoir politique avec l'autorité religieuse chrétienne, renforçant la position de Charlemagne comme souverain d'un empire chrétien ressuscité en Occident. Son couronnement marque la renaissance de l'idée d'un Empire romain en Occident, bien que distinct de l'Empire byzantin en Orient.

Sous le règne de Charlemagne, l'Empire carolingien s'étend à une grande partie de l'Europe occidentale et centrale, englobant des territoires divers et vastes. Charlemagne est également reconnu pour son patronage des arts et des lettres, période souvent appelée la "Renaissance carolingienne", qui voit un renouveau de l'éducation, de la culture et des réformes religieuses et administratives. Son règne est considéré comme un âge d'or pour le développement culturel et politique de l'Europe.

Pépin le Bref (c. 714-768)

Fils de Charles Martel et le premier roi carolingien. Il a consolidé sa position en devenant roi des Francs en 751 après avoir déposé le dernier roi mérovingien, marquant ainsi le début de la dynastie carolingienne en France.

Charlemagne (742-814)

Roi des Francs et le premier empereur du Saint Empire romain. Connu pour son expansion territoriale, ses réformes administratives et son soutien à l'éducation, il est considéré comme l'une des figures les plus importantes de l'histoire médiévale européenne.

- 800
  Couronnement de Charlemagne

843 Traité de Verdun, partage de l'empire carolingien

Le Traité de Verdun, signé en 843, marque un tournant majeur dans l'histoire de l'Europe médiévale. Après la mort de Charlemagne et les conflits de succession parmi ses héritiers, l'Empire carolingien est finalement divisé entre ses trois petits-fils : Charles le Chauve, Louis le Germanique et Lothaire Ier.

Le traité établit des frontières qui, dans une certaine mesure, préfigurent les futures nations d'Europe. Charles le Chauve reçoit la Francie occidentale, qui deviendra plus tard la France. Louis le Germanique obtient la Francie orientale, qui évoluera en ce qui est aujourd'hui l'Allemagne. Lothaire Ier, quant à lui, reçoit le royaume central, qui inclut la Bourgogne et l'Italie du Nord, avec les régions qui deviendront plus tard les Pays-Bas, la Belgique, le Luxembourg et la Suisse.

Ce partage marque le début de la fin de l'unité carolingienne et jette les bases des futures divisions politiques en Europe.

877 Capitulaire de Quierzy, début de la féodalité

Le Capitulaire de Quierzy, promulgué en 877 par Charles le Chauve, est un ensemble de législations qui joue un rôle fondamental dans l'établissement du système féodal en France. Ce document garantit que les charges et les bénéfices publics peuvent être transmis de manière héréditaire, une pratique qui n'était pas la norme auparavant. Cette transmission héréditaire des titres et des terres conduit à l'émergence d'une structure sociale et politique où les liens entre les seigneurs et leurs vassaux deviennent la base de l'ordre social.

Charles le Chauve (823-877)

Petit-fils de Charlemagne et le roi des Francs de l'Ouest. Son règne a été marqué par des luttes contre les invasions vikings et la partition de l'Empire carolingien à la suite du traité de Verdun en 843.

- 843 Traité de Verdun
  - 877 Capitulaire de Quierzy Début de la féodalité

Le Capitulaire de Quierzy consolide donc le pouvoir de la noblesse et fragmente davantage l'autorité centrale, caractéristiques déterminantes de la société féodale. Cette évolution marque un pas important vers le système féodal qui dominera le Moyen Âge en Europe occidentale, caractérisé par des relations de dépendance et de loyauté entre les différents niveaux de la hiérarchie sociale.

Traité de Saint-Clair-sur-Epte, fondation de la Normandie.

Le Traité de Saint-Clair-sur-Epte, conclu en 911, est un accord entre Charles le Simple, roi des Francs, et Rollon, chef des Vikings. Par ce traité, Charles le Simple cède à Rollon et à ses hommes une partie du territoire franc, principalement en ce qui est aujourd'hui la Normandie, en échange de leur protection contre d'autres raids vikings. Cette région devient le Duché de Normandie, avec Rollon comme son premier duc. Cet accord marque un moment crucial dans l'histoire de la France : il formalise l'intégration des Vikings dans la société franque et établit les bases de la puissance normande en Europe. La Normandie, sous le règne de Rollon et de ses successeurs, deviendra un centre puissant et influent, jouant un rôle majeur dans les affaires européennes, notamment lors de la conquête de l'Angleterre par Guillaume le Conquérant en 1066.

911

Charles le Simple (879-929)

Roi de Francie occidentale et le dernier monarque carolingien à régner en France. Son règne a été marqué par des défis tels que les invasions vikings et la montée en puissance des seigneurs féodaux, aboutissant à des conséquences significatives pour la structure politique de la France médiévale.

Rollo (v.860-932)

Rollon, était un chef viking du IXe siècle et le fondateur du duché de Normandie en 911. Son héritage s'est perpétué dans la lignée des ducs normands et a eu une influence durable sur l'histoire de la Normandie et de l'Angleterre.

- 911
Traité de Saint-Clair-sur-Epte
Fondation de la Normandie

987 Hugues Capet devient roi, début de la dynastie capétienne

En 987, Hugues Capet, Duc des Francs et descendant de Charles Martel, est élu roi des Francs, marquant le début de la dynastie capétienne qui régnera sur la France pendant plusieurs siècles. Cette élection met fin à la dynastie carolingienne et signifie un changement significatif dans la gouvernance du royaume.

Hugues Capet, bien qu'ayant une autorité limitée au-delà de ses domaines personnels, jette les bases d'une monarchie plus centralisée. Sa montée sur le trône est également le résultat de manœuvres politiques habiles et d'alliances stratégiques avec d'autres puissants seigneurs féodaux. Le choix d'Hugues Capet et la continuité assurée par ses descendants contribuent à l'émergence d'un sentiment d'identité nationale et à la stabilisation du royaume de France.

Le règne d'Hugues Capet de 987 à 996, bien que relativement court, est une période fondamentale dans l'histoire de France. Son élection en tant que roi et la succession assurée par son fils Robert le Pieux établissent la tradition de la primogéniture dans la monarchie française, mettant fin aux divisions et aux guerres de succession qui avaient affaibli le royaume sous les Carolingiens.

Pendant son règne, Hugues Capet consolide son pouvoir en Île-de-France et renforce les structures administratives du royaume. Bien qu'il n'ait pas étendu significativement ses territoires, son règne marque le début d'une dynastie qui va progressivement accroître son pouvoir et son influence, façonnant l'histoire de la France pendant les siècles suivants.

- 987 Hugues Capet roi des Francs

Hugues Capet (938-996)
Fondateur de la dynastie capétienne en France. Élu roi en 987, il a marqué le début d'une lignée qui allait régner sur le royaume pendant plus de 800 ans.

Féodalité et croisades

Avènement de Philippe Ier, début de l'essor capétien

1060

L'avènement de Philippe Ier en 1060 marque une période significative dans l'histoire de la dynastie capétienne et du royaume de France. Fils d'Henri Ier, Philippe Ier monte sur le trône jeune et règne pendant près de 48 ans, une durée exceptionnellement longue pour l'époque.

Son règne est caractérisé par des efforts pour renforcer et étendre l'autorité royale au-delà de l'Île-de-France, bien que ces efforts soient souvent entravés par les puissants seigneurs féodaux, notamment les ducs de Normandie et les comtes d'Anjou. Philippe Ier travaille également à consolider le contrôle administratif et financier du royaume, ce qui contribue à l'affermissement progressif du pouvoir capétien. Bien que moins connu que certains de ses successeurs, son règne est une étape cruciale dans le lent processus d'expansion et de consolidation de la monarchie capétienne en France.

Conquête normande de l'Angleterre par Guillaume le Conquérant.

1066

La conquête normande de l'Angleterre en 1066 est l'un des événements les plus marquants du Moyen-Âge européen. Guillaume, duc de Normandie, revendique le trône d'Angleterre après la mort du roi Édouard le Confesseur. Il débarque en Angleterre et remporte la célèbre bataille de Hastings contre le roi Harold II.

Philippe Ier (1052-1108)

Roi des Francs de 1060 à 1108, le premier monarque de la dynastie capétienne à régner sur la France. Son règne a été marqué par des conflits avec la noblesse féodale et l'Église, mais il a consolidé le pouvoir royal en établissant des bases pour le futur développement du royaume.

- 1060
Avènement de Philippe Ier
Essor de la dynastie capétienne

Cette victoire permet à Guillaume de s'emparer du trône anglais, le faisant couronner roi d'Angleterre et inaugurant ainsi un règne qui modifiera profondément la structure politique et sociale de l'Angleterre. L'influence normande introduit des changements significatifs dans la langue, la culture, l'architecture, et les systèmes juridiques et administratifs anglais. De plus, cette conquête créée des liens étroits, mais également des tensions, entre l'Angleterre et la France, qui influenceront les relations politiques et militaires entre les deux pays pendant des siècles.

1096-1099 Première croisade

La Première Croisade, qui s'étend de 1096 à 1099, est un événement majeur de l'histoire médiévale, représentant la première des grandes expéditions militaires chrétiennes vers la Terre Sainte. Initiée par le pape Urbain II, qui appelle les chrétiens à aider l'Empire byzantin contre les avancées musulmanes et à libérer Jérusalem, cette croisade attire des milliers de participants venant de toute l'Europe. Les croisés, composés de nobles, de chevaliers, mais aussi de paysans et de clercs, entreprennent un long et périlleux voyage vers l'Orient. En 1099, ils parviennent à prendre Jérusalem, établissant plusieurs États latins en Terre Sainte. La Première Croisade a un impact profond sur les relations entre chrétiens et musulmans et modifie le paysage politique et religieux du Moyen-Orient.

Guillaume le Conquérant (1028-1087)

Duc de Normandie, il devint roi d'Angleterre après sa victoire à la bataille de Hastings en 1066. Il a consolidé le pouvoir normand en Angleterre, introduisant des réformes importantes et marquant le début de la dynastie des Plantagenêts.

- 1066
Guillaume le Conquérant s'empare du trône en Angleterre

- 1096-1099
Première croisade

Concordat de Worms, fin de la Querelle des Investitures

1122

Le Concordat de Worms, conclu en 1122, met fin à la Querelle des Investitures, un conflit majeur entre le pouvoir papal et la monarchie du Saint-Empire romain germanique. Cette querelle portait sur la question de savoir si l'Empereur ou le Pape avait le droit d'investir les évêques et les abbés. Le concordat établit un compromis : l'Empereur renonce à investir les évêques avec les symboles religieux (crosse et anneau), mais conserve le droit de leur conférer des fiefs et des droits temporels. Ce compromis est un moment crucial dans l'histoire de l'Église et de l'État, car il reconnaît la séparation des autorités spirituelles et temporelles et réaffirme l'autorité papale.

Union de la couronne de France et du duché d'Aquitaine - mariage de Louis VII et Aliénor d'Aquitaine.

1137

En 1137, le mariage de Louis VII, roi de France, et d'Aliénor d'Aquitaine, héritière du duché d'Aquitaine, représente un événement politique de première importance. Cette union apporte à la couronne française le contrôle de l'Aquitaine, une des régions les plus riches et les plus étendues de France à l'époque. Toutefois, le mariage sera tumultueux et aboutira finalement à l'annulation en 1152.

Aliénor se remariera avec Henri Plantagenêt, futur roi d'Angleterre Henri II, ce qui aura d'importantes répercussions, notamment en conférant à la couronne anglaise un vaste territoire en France et en posant les bases de conflits futurs, tels que la guerre de Cent Ans.

- 1122 Concordat de Worms
- 1137 Mariage de Louis VII et d'Aliénor d'Aquitaine
- 1152 Annulation du mariage

1180-1223 Règne de Philippe Auguste, agrandissement du territoire français

Le règne de Philippe II, dit Philippe Auguste, de 1180 à 1223, marque une période de consolidation et d'expansion significative pour le royaume de France. Philippe Auguste est reconnu pour son habileté politique et ses talents militaires, qui lui permettent d'agrandir considérablement les territoires sous contrôle français. Il renforce l'administration centrale, modernise les structures du royaume, et étend l'autorité royale aux dépens des seigneurs féodaux. Sous son règne, des villes comme Paris se développent et s'embellissent. L'une de ses réalisations majeures est la récupération de vastes territoires, dont la Normandie, l'Anjou, et d'autres régions, des mains des Plantagenêts, réduisant ainsi l'influence anglaise sur le continent et consolidant la France en tant que puissance majeure en Europe.

1204 Conquête de la Normandie par Philippe Auguste

La conquête de la Normandie par Philippe Auguste en 1204 est un événement clé de son règne. Après la défaite du roi d'Angleterre Jean sans Terre, Philippe Auguste parvient à s'emparer de cette région stratégique, qui était sous contrôle anglais depuis le XIe siècle. La réintégration de la Normandie au domaine royal français est cruciale pour l'affirmation de la puissance du roi de France. Elle lui permet de renforcer son autorité sur un territoire plus vaste et d'asseoir son pouvoir face aux grands seigneurs. La perte de la Normandie représente un revers majeur pour les rois d'Angleterre, affectant leur position en France pour les siècles à venir.

Philippe II Auguste (1165-1223)

Roi de France de 1180 à 1223. Son règne a été marqué par des succès militaires, notamment lors de la troisième croisade, et par des réformes administratives qui ont renforcé le pouvoir royal en France.

- 1180 Début du règne de Philippe Auguste
  - 1204 Conquête de la Normandie

Bataille de Bouvines

La bataille de Bouvines, survenue le 27 juillet 1214, est l'un des affrontements les plus significatifs du Moyen Âge. Philippe Auguste y affronte une coalition menée par l'empereur du Saint-Empire romain germanique Otton IV, soutenu par le roi d'Angleterre Jean sans Terre et les comtes de Flandre et de Boulogne.

La victoire écrasante de Philippe Auguste à Bouvines a des conséquences durables pour l'Europe médiévale. Elle consolide son pouvoir en France, affaiblit considérablement la position de ses adversaires, notamment celle de l'Angleterre, et marque un point tournant dans l'émergence de la monarchie capétienne comme force dominante en Europe occidentale. Bouvines est aussi célèbre pour avoir renforcé le sentiment d'unité nationale en France et pour avoir contribué à l'affirmation du pouvoir royal.

Fin de la Croisade des Albigeois

La Croisade des Albigeois, débutée en 1209 et se terminant en 1229, est une série de campagnes militaires initiées par l'Église catholique pour éradiquer l'hérésie cathare dans le sud de la France. Les Cathares, aussi appelés Albigeois, pratiquaient une forme de christianisme considérée comme hérétique par l'Église catholique. La croisade, menée principalement par les nobles du nord de la France sous l'autorité du roi et du pape, est marquée par des actes de violence extrême et des massacres de la population civile. En 1229, la croisade prend fin officiellement.

Jean sans Terre (1166-1216)

Roi d'Angleterre de 1199 à 1216. Son règne est notoire pour son manque de succès militaires, notamment la perte des territoires continentaux en France, et il a été confronté à une opposition significative de la part de la noblesse, conduisant à la signature de la Magna Carta en 1215.

- 1214
Bataille de Bouvines
- 1229
Fin de la croisade des Albigeois
- 1223
Fin du règne de Philippe Auguste

Le Languedoc, principal foyer du catharisme, passe sous le contrôle direct de la couronne capétienne, renforçant ainsi l'autorité royale dans le sud de la France. La fin de la Croisade des Albigeois marque également un tournant dans la répression des hérésies en Europe et consolide le pouvoir de l'Église catholique.

1259 Traité de Paris, Henri III d'Angleterre reconnaît la suzeraineté de Louis IX sur les territoires français

Le Traité de Paris de 1259 est un accord important entre Louis IX de France et Henri III d'Angleterre. Ce traité résout de longues disputes territoriales entre la France et l'Angleterre suite à la perte des territoires angevins par les rois d'Angleterre. Selon les termes du traité, Henri III renonce à de vastes territoires en France, notamment la Normandie, le Maine, l'Anjou et la Poitou, mais conserve la Gascogne et d'autres territoires en Aquitaine. En contrepartie, Louis IX reconnaît Henri III comme légitime souverain de ces territoires, mais ce dernier doit lui rendre hommage. Ce traité marque un moment significatif dans l'évolution des relations franco-anglaises au Moyen Âge. Il représente une étape importante dans la consolidation du royaume de France et la réduction de la présence anglaise sur le territoire français.

Louis IX (1214-1270)

Dit aussi Saint Louis, roi de France de 1226 à 1270. Célèbre pour sa piété, sa justice et son engagement envers la croisade, il a laissé une empreinte durable en tant que monarque érudit et vertueux.

Henri III d'Angleterre (1207-1272)

Roi d'Angleterre de 1216 à 1272. Son règne a été marqué par des conflits avec la noblesse et des défis politiques, mais il a également contribué à l'architecture et à la culture médiévales en Angleterre.

- 1259 Traité de Paris

La **Guerre de Cent Ans**

Début de la guerre de Cent Ans

La Guerre de Cent Ans, débutant en 1337, est un conflit prolongé entre la France et l'Angleterre, principalement centré sur des revendications territoriales et la légitimité du trône français.

Cette guerre est déclenchée par les ambitions des rois d'Angleterre, notamment Édouard III, qui revendique le trône de France en se basant sur sa filiation maternelle avec les Capétiens. La complexité de la succession française, exacerbée par la règle de la loi salique qui exclut la succession par les femmes, mène à un conflit dynastique majeur.

Cette guerre transforme profondément les deux royaumes, entraînant des innovations militaires, des bouleversements sociaux, et des changements politiques significatifs. Elle marque également l'émergence d'un sentiment nationaliste plus prononcé dans les deux pays.

1337

Loi salique

Ancien code juridique franque qui excluait les femmes de l'héritage du trône, principalement en ce qui concerne la succession royale. Elle a été utilisée dans plusieurs monarchies européennes pour déterminer la lignée de succession au trône, excluant les femmes de la lignée directe.

Philippe VI de Valois (1293-1350)

Premier roi de la dynastie des Valois en France, régnant de 1328 à 1350. Son règne a été marqué par des défis, dont le déclenchement de la Guerre de Cent Ans avec l'Angleterre en 1337.

Édouard III (1312-1377)

Roi d'Angleterre de 1327 à 1377. Son règne est marqué par des conflits notables, tels que la guerre de Cent Ans avec la France, et il est souvent considéré comme l'un des monarques médiévaux les plus puissants d'Angleterre.

- 1327 Début du règne d'Edouard III
- 1328 Début du règne de Philippe VI de Valois
- 1337 Début de la Guerre de Cent Ans

1346

Bataille de Crécy

La Bataille de Crécy, survenue le 26 août 1346, est une des premières et des plus importantes batailles de la Guerre de Cent Ans. Elle voit la victoire décisive des Anglais, dirigés par Édouard III et son fils, le Prince Noir, sur une armée française numériquement supérieure.

Cette bataille est célèbre pour l'utilisation efficace des archers anglais et de leurs longs arcs, qui se révèlent dévastateurs contre la cavalerie française. La bataille de Crécy démontre l'obsolescence de certaines tactiques de guerre médiévales, notamment la charge de cavalerie, et met en évidence l'évolution des méthodes de combat.

La défaite française à Crécy expose les faiblesses de la noblesse militaire française et marque un tournant dans le conflit.

1356

Bataille de Poitiers

La Bataille de Poitiers, qui a lieu le 19 septembre 1356, est une autre confrontation majeure de la Guerre de Cent Ans. Les forces anglaises, menées par le Prince Noir, remportent une victoire écrasante sur les troupes françaises commandées par le roi Jean II, dit Jean le Bon. Cette bataille est particulièrement remarquable en raison de la capture du roi Jean II par les Anglais, un événement sans précédent qui plonge la France dans une crise politique.

Jean II (1319-1364)

Surnommé Jean le Bon, roi de France de 1350 à 1364. Son règne a été marqué par des revers militaires, y compris sa capture à la bataille de Poitiers en 1356, événement majeur de la guerre de Cent Ans.

Édouard de Woodstock (1330-1376)

Dit le Prince Noir, fils aîné d'Édouard III d'Angleterre. Il a acquis une réputation militaire exceptionnelle pendant la guerre de Cent Ans, remportant des victoires notables, dont la bataille de Poitiers en 1356, où il captura le roi de France Jean II.

- 1346
  Bataille de Crécy
  - 1356
    Bataille de Poitiers
    Capture de Jean II

La capture du roi aggrave la situation déjà instable en France, conduisant à des troubles civils et à un affaiblissement de l'autorité centrale. La bataille de Poitiers confirme la supériorité tactique des Anglais et intensifie les difficultés de la France dans le cadre de la Guerre de Cent Ans.

Traité de Brétigny

Le Traité de Brétigny, signé en 1360, marque une pause importante dans la Guerre de Cent Ans. Ce traité est conclu après une période de succès militaires pour l'Angleterre, notamment la capture du roi Jean II le Bon. Selon les termes du traité, la France accepte de vastes concessions territoriales à l'Angleterre, notamment en Aquitaine, et le paiement d'une rançon considérable pour la libération du roi Jean II. En contrepartie, Édouard III d'Angleterre renonce à sa revendication au trône de France.

Bien que le traité de Brétigny semble promettre une paix durable, il ne résout pas les problèmes sous-jacents et les tensions entre les deux royaumes. La paix s'avère précaire et temporaire, et les hostilités reprennent quelques années plus tard, prolongeant ainsi le conflit entre la France et l'Angleterre.

Bataille d'Azincourt

La Bataille d'Azincourt, survenue le 25 octobre 1415, est l'une des plus célèbres et des plus désastreuses défaites de la chevalerie française pendant la Guerre de Cent Ans. Les forces anglaises, menées par le roi Henri V, infligent une défaite écrasante à l'armée française malgré leur infériorité numérique.

- 1360
  Traité de Brétigny
- 1415
  Bataille d'Azincourt

La bataille est marquée par l'efficacité des archers anglais et par le terrain boueux qui handicape la cavalerie lourde française. Azincourt devient le symbole de la suprématie de l'infanterie sur la chevalerie et illustre le déclin des tactiques militaires médiévales traditionnelles. La défaite a un impact profond sur la noblesse française, avec la mort ou la capture de nombreux nobles et chevaliers, et affaiblit considérablement le royaume de France.

1420 Traité de Troyes

Le Traité de Troyes, signé en 1420, est un accord majeur qui représente un tournant dans la Guerre de Cent Ans. Ce traité est conclu entre Henri V d'Angleterre et Charles VI de France, dont le royaume est affaibli par la guerre et les troubles internes. Selon les termes de ce traité, Henri V est reconnu comme héritier du trône de France et épouse Catherine de Valois, fille de Charles VI.

Ce traité est largement considéré comme une trahison par les partisans du dauphin Charles (futur Charles VII), exclu de la succession. Le Traité de Troyes établit une union personnelle entre les couronnes d'Angleterre et de France, bien que cette union soit contestée et finalement renversée après la reprise de la guerre et l'émergence de Jeanne d'Arc.

Henri V d'Angleterre (1386-1422)
Roi d'Angleterre de 1413 à 1422. Connu pour ses succès militaires pendant la guerre de Cent Ans, notamment la bataille d'Azincourt en 1415, il revendiqua le trône de France et signa le traité de Troyes en 1420.

Charles VI (1368-1422)
Dit Charles le Fou, roi de France de 1380 à 1422. Son règne a été marqué par des périodes de troubles mentaux, contribuant à des conflits internes tels que la guerre civile entre les factions Armagnacs et Bourguignons pendant la guerre de Cent Ans.

- 1420
  Traité de Troyes
  Henri V nommé successeur du trône de France
  Mariage de Henri V avec Catherine de Valois

Jeanne d'Arc et le siège d'Orléans

En 1429, Jeanne d'Arc, une jeune paysanne lorraine, joue un rôle crucial dans le siège d'Orléans, un tournant décisif de la Guerre de Cent Ans. Convaincue d'être guidée par une mission divine pour libérer la France de l'occupation anglaise et pour faire couronner le dauphin Charles (futur Charles VII), Jeanne convainc ce dernier de lui confier une armée. Elle arrive à Orléans, alors assiégée par les Anglais, et mène avec succès plusieurs actions offensives qui brisent le siège. La levée du siège d'Orléans marque la première grande victoire française depuis longtemps et redonne espoir et élan à la cause française.

La figure de Jeanne d'Arc, avec sa détermination et son leadership, devient un puissant symbole pour le peuple français et joue un rôle clé dans la reconquête des territoires occupés par les Anglais.

Exécution de Jeanne d'Arc

Jeanne d'Arc est capturée en 1430 par les Bourguignons, alliés des Anglais, et livrée aux Anglais qui la jugent pour hérésie à Rouen. Malgré un procès controversé et politiquement motivé, elle est déclarée coupable et brûlée sur le bûcher le 30 mai 1431. Son exécution à l'âge de 19 ans provoque une immense émotion en France et au-delà. La mort de Jeanne d'Arc n'arrête pas le mouvement qu'elle a initié ; au contraire, elle devient un symbole de résistance et un martyr pour la cause française. Sa mort renforce la détermination française à poursuivre la lutte contre l'occupation anglaise, contribuant finalement à la victoire finale de la France dans la Guerre de Cent Ans.

Jeanne d'Arc (1412-1431)

Paysanne française qui joua un rôle crucial pendant la guerre de Cent Ans. Conduisant les troupes françaises vers plusieurs victoires, elle fut capturée par les Anglais, jugée pour hérésie, et brûlée sur le bûcher en 1431, mais elle fut plus tard canonisée comme sainte par l'Église catholique.

- 1429 Jeanne d'Arc Siège d'Orléans
- 1431 Jeanne d'Arc est capturée, jugée et brûlée sur le bûcher

1453 — Bataille de Castillon, fin de la guerre de Cent Ans

Survenue le 17 juillet 1453, elle est souvent considérée comme la dernière grande bataille de la Guerre de Cent Ans. Elle se déroule près de Castillon-la-Bataille en Aquitaine, une région longtemps disputée entre la France et l'Angleterre. Les forces françaises, dirigées par Jean Bureau, l'emportent sur l'armée anglaise grâce, entre autres, à l'utilisation efficace de l'artillerie, une nouveauté tactique pour l'époque. La défaite anglaise à Castillon entraîne la perte de leurs derniers territoires importants en France, à l'exception de Calais. Cette bataille marque ainsi la fin de la domination anglaise en France et symbolise la fin de la Guerre de Cent Ans, un conflit qui a profondément transformé les sociétés et les structures politiques en France et en Angleterre.

Jean Bureau (1390-1463)

Homme d'État et militaire français du XVe siècle. Il a servi les rois Charles VII et Louis XI, jouant un rôle important dans la défense et la consolidation du royaume de France pendant la guerre de Cent Ans.

- 1453
Bataille de Castillon
Fin de la Guerre de Cent Ans

La fin du **Moyen-Âge**

1461

Accession de Louis XI, consolidation de l'autorité royale

En 1461, Louis XI monte sur le trône de France, succédant à son père Charles VII. Son règne est caractérisé par des efforts significatifs pour consolider l'autorité royale et centraliser le pouvoir en France. Connu pour sa ruse politique et ses tactiques diplomatiques, Louis XI travaille à réduire le pouvoir des grands seigneurs féodaux et à renforcer l'État central. Il favorise également le développement du commerce et de l'industrie, soutenant les classes moyennes et les villes, ce qui contribue à l'affaiblissement de la structure féodale traditionnelle.

Louis XI utilise habilement la diplomatie et les mariages stratégiques pour étendre le territoire français. Son règne marque une étape importante dans la transition vers un État moderne et centralisé en France.

Que signifie centraliser le pouvoir en France à cette époque ?

Au XVe, en France, centraliser le pouvoir signifie concentrer l'autorité, la gouvernance et les décisions politiques entre les mains du monarque, réduisant ainsi l'autonomie des seigneurs féodaux et des provinces. Sous des rois comme Louis XI, cette centralisation impliquait la création d'institutions royales plus fortes, la suppression des pouvoirs locaux indépendants, et l'établissement d'une administration royale plus efficace, contribuant à renforcer l'autorité monarchique et à stabiliser le royaume après la guerre de Cent Ans.

- 1461
Début du règne de Louis XI

Louis XI (1423-1483)

Roi de France de 1461 à 1483. Surnommé le "Prudent" et parfois le "Raté" en raison de ses méthodes politiques rusées, il a œuvré pour renforcer le pouvoir royal en France au cours de la période postérieure à la guerre de Cent Ans.

1477 Mort de Charles le Téméraire, expansion de la France vers l'est

Charles le Téméraire, duc de Bourgogne, meurt en 1477 lors de la Bataille de Nancy, mettant fin à ses ambitieux projets de créer un royaume indépendant entre la France et l'Empire germanique. Sa mort entraîne l'effondrement de l'État bourguignon et ouvre la voie à l'expansion de la France vers l'est.

Louis XI saisit cette opportunité pour annexer plusieurs territoires importants, dont la Bourgogne et la Picardie, augmentant ainsi considérablement le territoire et l'influence de la France. La disparition de Charles le Téméraire et l'annexion de ses terres par la France constituent un tournant majeur, réduisant la menace d'une puissance rivale sur le sol français et consolidant davantage le pouvoir du royaume de France.

Bataille de Nancy

La bataille de Nancy, qui a eu lieu le 5 janvier 1477, a été un affrontement majeur pendant la guerre de Bourgogne. Charles le Téméraire y a trouvé la mort face aux forces suisses et lorraines, mettant fin à ses ambitions territoriales et marquant la fin de l'indépendance bourguignonne.

Charles Ier Téméraire (1433-1477)

Connu aussi sous le nom de Charles le Hardi, était le dernier duc de Bourgogne de la maison de Valois. Connu pour son ambition et sa témérité, son règne a été marqué par des conflits, notamment la guerre de Bourgogne avec la Suisse, qui a abouti à sa mort à la bataille de Nancy en 1477.

- 1477
Mort du Duc de Bourgogne
Effondrement de l'Etat bourguignon

Fin de la Guerre folle

La Guerre folle, qui se déroule entre 1485 et 1492, est un conflit interne à la France, opposant le roi Louis XI et plus tard son fils et successeur Charles VIII, à une coalition de grands seigneurs féodaux. Ce conflit est déclenché par le mécontentement de ces derniers face aux tentatives de centralisation du pouvoir par le roi.

La guerre est marquée par des alliances changeantes et des trahisons, d'où son nom de "guerre folle". La fin du conflit survient en 1492, lorsqu'un accord est trouvé avec les seigneurs révoltés.

Cette guerre reflète les tensions existantes entre la monarchie et la noblesse, et sa conclusion renforce la position de la couronne, tout en pavant la voie pour la poursuite de la centralisation et l'affirmation de l'autorité royale en France.

Première Guerre d'Italie, influence française en Italie

La Première Guerre d'Italie, débutant en 1494, marque le commencement d'une série de conflits où les royaumes européens, notamment la France, luttent pour le contrôle des riches cités-États italiennes.

Charles VIII de France, attiré par les richesses de l'Italie et revendiquant le Royaume de Naples en tant que descendant des Angevins, lance une expédition militaire en Italie. Cette invasion française bouleverse l'équilibre politique en Italie et démontre la puissance militaire grandissante de la France. L'intervention française dans la péninsule italienne a des conséquences durables, non seulement sur le plan politique et militaire, mais aussi culturel.

Charles VIII (1470-1498)

Roi de France de 1483 à 1498. Son règne est surtout connu pour son expédition en Italie en 1494, inaugurant les guerres d'Italie, et pour sa mort accidentelle qui marqua la fin de la ligne directe des Valois.

- 1492 Fin de la Guerre folle
  - 1494 Première guerre d'Italie

Elle facilite en effet les échanges et les influences réciproques entre la Renaissance italienne et la France, contribuant ainsi au développement de la Renaissance française.

1498 Accession de Louis XII, début de la Renaissance française

Louis XII monte sur le trône de France en 1498, succédant à Charles VIII. Son règne est souvent considéré comme le début de la Renaissance française, une période de floraison culturelle et artistique influencée par la Renaissance italienne.

Louis XII poursuit la politique italienne de son prédécesseur en revendiquant le Duché de Milan et en participant activement aux guerres d'Italie. Sur le plan intérieur, il est reconnu pour son administration efficace et pour les réformes qu'il mène, visant à améliorer la justice et à réduire les impôts sur le peuple. Son règne voit également l'arrivée en France d'artistes et d'intellectuels italiens, la construction de châteaux de style Renaissance et le développement de l'humanisme, autant de facteurs qui contribuent à l'éclosion de la Renaissance française. Louis XII est surnommé le "père du peuple" pour ses efforts en vue de réduire les charges pesant sur ses sujets.

Louis XII (1462-1515)

Roi de France de 1498 à 1515. Connu pour ses réformes juridiques et fiscales, il a également mené des campagnes militaires en Italie, cherchant à récupérer des territoires perdus, et a épousé successivement deux reines, Anne de Bretagne et Marie d'Angleterre.

- 1498
  Début du règne de Louis XII

Que se passe-t-il à la mort de Louis XII ?

Louis XII n'a pas eu d'enfants survivants de son mariage avec Anne de Bretagne, qui était sa première épouse. Cependant, de son mariage avec sa deuxième épouse, Marie d'Angleterre, il a eu deux filles qui sont mortes en bas âge. Par conséquent, il n'a pas eu de descendants directs pour lui succéder sur le trône.

La succession à la mort de Louis XII en 1515 a donc été assurée par son cousin, François d'Angoulême, qui devint le roi François Ier.

Renaissance et Réformes

➤ La Renaissance française
➤ Les guerres de religion
➤ Henri IV et l'édit de Nantes

La Renaissance française

1515 — Victoire de François Ier à Marignan et début de la Renaissance en France

La Bataille de Marignan, survenue les 13 et 14 septembre 1515, est une victoire décisive de François Ier, roi de France, sur les troupes suisses. Cette bataille marque non seulement une réussite militaire importante pour François Ier dans le cadre des guerres d'Italie, mais elle symbolise également le début de la Renaissance française. La victoire à Marignan confirme l'autorité et le prestige de François Ier en Europe. Elle lui permet d'accroître son influence en Italie et d'obtenir le contrôle du duché de Milan.

Cette période est aussi caractérisée par un intense échange culturel avec l'Italie, François Ier invitant de nombreux artistes et intellectuels italiens à sa cour, contribuant ainsi à l'épanouissement de la Renaissance en France.

1515-1547 — Règne de François Ier

Le règne de François Ier, de 1519 à 1547, est considéré comme l'âge d'or de la Renaissance française. En tant que mécène passionné des arts et des lettres, François Ier encourage activement le développement culturel de son royaume. Il attire à sa cour des artistes et des penseurs de renom, dont Léonard de Vinci, et soutient la création d'œuvres d'art et d'architecture qui symbolisent la Renaissance. Sous son règne, des châteaux emblématiques comme Chambord sont construits, illustrant le style Renaissance français.

François Ier (1494-1547)

Roi de France de 1515 à 1547. Connu pour son patronage des arts, sa rivalité avec l'empereur Charles Quint et son rôle central dans la Renaissance française, il a également mené des campagnes militaires en Italie et a promulgué des réformes administratives en France.

- 1515
  Mort de Louis XII
  Début du règne de François Ier
  Bataille de Marignan

François Ier promeut également l'humanisme et l'éducation, facilitant la diffusion des idées de la Renaissance dans toute la France. Son patronage des arts et des lettres laisse un héritage durable qui marque profondément la culture française.

Fondation du Collège de France

La fondation du Collège de France en 1530 par François Ier représente un moment clé dans l'histoire de l'éducation et de la pensée en France. Conçu comme une alternative aux universités traditionnelles, le Collège de France se démarque par sa mission de promouvoir l'enseignement et la recherche dans de nombreux domaines, notamment les langues, l'histoire et les sciences. Il offre des cours gratuits et ouverts à tous, sans distinction de statut ou de religion, et s'engage dans la diffusion des connaissances et des idées nouvelles. Le Collège de France devient rapidement un centre intellectuel de premier plan, attirant des érudits de toute l'Europe. Il joue un rôle crucial dans le développement de l'humanisme et de la pensée scientifique en France durant la Renaissance.

Ordonnance de Villers-Cotterêts, imposant le français comme langue officielle

L'ordonnance de Villers-Cotterêts, promulguée en 1539 par François Ier, est un texte législatif d'une importance capitale pour l'histoire linguistique et administrative de la France. L'un de ses articles les plus notables stipule que tous les actes juridiques et administratifs du royaume doivent désormais être rédigés en français, et non plus en latin, qui était jusqu'alors la langue dominante dans les documents officiels.

- 1530
Fondation du Collège de France
  - 1539
Ordonnance de Villers-Cotterêts

Cette décision marque la première reconnaissance officielle du français comme langue de l'administration et de la justice, contribuant à son unification et à sa standardisation. Elle s'inscrit dans un mouvement plus large de valorisation de la langue française et d'affirmation de l'identité nationale, et pose les bases pour que le français devienne la langue commune de la nation.

Avènement d'Henri II

Henri II accède au trône de France en 1547, succédant à François Ier. Son règne est marqué par une continuation et une intensification de la Renaissance française. Henri II poursuit la politique de mécénat artistique et culturel de son père, soutenant les arts, les lettres et l'architecture. Sous son règne, la construction de grands édifices dans le style de la Renaissance se poursuit, et des artistes et intellectuels tels que Benvenuto Cellini et Diane de Poitiers, sa célèbre favorite, jouent un rôle de premier plan à la cour.

Henri II est également connu pour ses efforts dans la consolidation de l'autorité royale et dans la poursuite des guerres d'Italie, bien que ces dernières se révèlent coûteuses et complexes. Son règne est également marqué par des tensions religieuses croissantes, préfigurant les guerres de Religion qui éclateront sous les règnes de ses fils.

Henri II (1519-1559)
Roi de France de 1547 à 1559. Son règne a été marqué par des conflits religieux, notamment la montée en puissance des tensions entre catholiques et protestants, ainsi que par des conflits militaires en Italie.

Benvenuto Cellini (1500-1571)
Orfèvre, sculpteur et artiste italien de la Renaissance. Célèbre pour ses œuvres en métal, comme la sculpture de Persée avec la tête de Méduse, il était également connu pour son autobiographie, offrant un aperçu détaillé de sa vie et de son époque.

- 1547
Mort de François Ier
Début du règne d'Henri II

Diane de Poitiers (1499-1566)
Noble française et favorite de la cour de France pendant le règne d'Henri II. Elle était connue pour sa beauté, son intelligence et son influence sur Henri II, avec qui elle entretenait une relation proche.

Retour de Calais sous souveraineté française

En 1558, la ville de Calais, dernier bastion anglais sur le continent, est reprise par les forces françaises sous le règne d'Henri II. Calais avait été sous contrôle anglais depuis 1347, après sa conquête lors de la Guerre de Cent Ans. Sa reprise marque un moment significatif dans les relations franco-anglaises, symbolisant la fin d'une présence anglaise de longue date en France. La récupération de Calais est perçue en France comme une victoire patriotique et une revanche pour les défaites passées. Elle s'inscrit dans une période de renforcement du pouvoir et du prestige de la France en Europe, initiée par François Ier et poursuivie par ses successeurs.

La succession d'Henri II et la régence de sa femme

La mort tragique d'Henri II en 1559 lors d'un tournoi de joute a laissé un vide de pouvoir en France. Son fils, François II, lui a succédé, mais en raison de sa jeunesse et de sa santé fragile, sa mère, Catherine de Médicis, a assumé la régence. Cependant, la vie brève de François II, qui meurt en 1560, a précipité une nouvelle phase d'incertitude politique. Son frère cadet, Charles IX, encore mineur, a donc hérité du trône de France.

Ce contexte a été marqué par les tensions religieuses croissantes et les prémices des guerres de Religion, jetant les bases d'une période tumultueuse dans l'histoire de la France au XVIe siècle.

Catherine de Médicis (1519-1589)

Noble italienne devenue reine de France par son mariage avec Henri II. Elle a joué un rôle majeur pendant la période troublée des guerres de Religion en France, agissant en tant que régente pendant la minorité de ses fils, François II, Charles IX et Henri III. Catherine de Médicis est également connue pour son influence politique et son engagement dans la diplomatie européenne de l'époque.

- 1558
  Reprise de la ville de Calais
  - 1559
    Mort d'Henri II

1564 — Début du règne personnel de Charles IX

Charles IX commence son règne personnel en 1564, à l'âge de 14 ans, après la fin de la régence de sa mère Catherine de Médicis. Son règne coïncide avec la continuation de la Renaissance française, une période de développement culturel et intellectuel influencée par l'Italie. Bien que le règne de Charles IX soit marqué par la présence de figures influentes comme sa mère et des conseillers tels que Michel de l'Hôpital, il continue de soutenir les arts et les lettres. Cependant, le règne de Charles IX est surtout assombri par les tensions religieuses croissantes entre catholiques et protestants (Huguenots) en France. Ces tensions culminent avec le massacre de la Saint-Barthélemy en 1572, où des milliers de Huguenots sont tués, un événement tragique qui marque profondément le règne de Charles IX et l'histoire de la France.

Charles IX (1550-1574)

Roi de France de 1560 à 1574. Son règne est notamment marqué par les guerres de Religion en France, en particulier le massacre de la Saint-Barthélemy en 1572.

- 1564
  Début du règne de Charles IX

Les guerres de religion

Début des guerres de religion en France

1562

Les guerres de Religion en France entre les catholiques et les protestants huguenots étaient principalement motivées par des tensions religieuses et politiques.

Au XVIe siècle, la Réforme protestante, initiée par Martin Luther et Jean Calvin, a gagné du terrain en Europe. En France, cette émergence du protestantisme a créé des divisions profondes, exacerbées par des facteurs politiques et économiques.

Les protestants revendiquaient la liberté religieuse et s'opposaient à la suprématie catholique, ce qui a conduit à une série de conflits connus sous le nom de guerres de Religion. Les rivalités dynastiques, les luttes pour le pouvoir et les querelles territoriales ont également contribué à l'instabilité et aux affrontements violents entre les deux factions.

Qu'est ce que la Réforme protestante ?

Le protestantisme a ses origines au début du XVIe siècle, au moment de la Réforme protestante. Martin Luther, un moine allemand, est souvent considéré comme le pionnier du mouvement. En 1517, Luther a publié ses "95 thèses" critiquant certaines pratiques de l'Église catholique romaine, marquant le début de la Réforme. Les idées de Luther ont rapidement gagné du terrain, et d'autres réformateurs tels que Jean Calvin en Suisse ont contribué à l'émergence du protestantisme en tant que mouvement distinct.

La propagation du protestantisme a conduit à des changements significatifs dans la chrétienté européenne, divisant les chrétiens entre les branches catholique et protestante.

- 1562
  Début des guerres de religion

Les guerres de religion en France commencent en 1562 et représentent une période de conflits violents et prolongés principalement entre catholiques et protestants huguenots. Ces conflits sont déclenchés par des tensions religieuses croissantes et des rivalités politiques, exacerbées par la propagation de la Réforme protestante.

Le massacre de Wassy en mars 1562, où des dizaines de protestants, qui se réunissaient pour un culte, sont tués lors d'une attaque surprise par les troupes du duc de Guise, est souvent considéré comme le point de départ des guerres de religion.

Ces guerres sont marquées par une série de batailles, de massacres et de périodes de paix précaire, reflétant les divisions profondes au sein de la société française. Elles ont un impact dévastateur sur le pays, entraînant des pertes humaines considérables et des destructions.

Paix de Saint-Germain-en-Laye

La paix de Saint-Germain-en-Laye, signée en août 1570, est un traité qui vise à mettre fin aux conflits entre catholiques et protestants en France. Ce traité accorde des concessions significatives aux protestants, y compris le droit de pratiquer leur religion dans certaines régions et la restitution de toutes les propriétés confisquées. La paix de Saint-Germain-en-Laye est le résultat des efforts de pacification de Catherine de Médicis, la régente, et marque une étape importante dans la reconnaissance des droits des huguenots. Cependant, la paix s'avère fragile et temporaire, car la méfiance et l'hostilité entre les deux camps persistent.

Les protestants huguenots

Les protestants huguenots étaient membres d'un mouvement religieux protestant en France au XVIe siècle, principalement constitué de calvinistes. Ils ont joué un rôle majeur pendant les guerres de Religion, défendant la liberté religieuse et suscitant des conflits avec la faction catholique.

- 1570 Paix de Saint-Germain-en-Laye

Massacre de la Saint-Barthélemy

Le massacre de la Saint-Barthélemy est l'un des épisodes les plus sombres des guerres de religion en France. Dans la nuit du 23 au 24 août 1572, et les jours suivants, des milliers de protestants huguenots sont massacrés à Paris et dans d'autres villes françaises. Ce massacre est déclenché par des tensions croissantes et des complots à la cour royale, exacerbés par le mariage de la sœur du roi, Marguerite de Valois, avec le leader protestant Henri de Navarre (futur Henri IV).

Bien que le nombre exact de victimes reste incertain, le massacre de la Saint-Barthélemy choque l'Europe et marque un point de non-retour dans les guerres de religion françaises. Il aggrave la méfiance et la haine entre catholiques et protestants et plonge la France dans une période encore plus violente de son histoire.

Fondation de la Ligue catholique

La Ligue catholique, fondée en 1576 par le duc Henri Ier de Guise, est une coalition de nobles catholiques formée en réponse aux guerres de religion en France et à la montée du protestantisme. Cette alliance vise à défendre le catholicisme contre les huguenots et à préserver l'orthodoxie religieuse dans le royaume. La Ligue, soutenue par l'Espagne, devient un acteur politique majeur en France, exerçant une influence considérable, notamment dans les régions où les tensions religieuses sont les plus vives. Elle joue un rôle clé dans la poursuite des conflits entre catholiques et protestants, menant à des affrontements et des soulèvements. La Ligue catholique est également impliquée dans des intrigues politiques, cherchant à influencer la succession royale et à affirmer son pouvoir face au trône de France.

- 1572
Massacre de la Saint-Barthélemy
  - 1574
  Mort de Charles IX
  Début du règne d'Henri III, frère de Charles IX
- 1576
Fondation de la Ligue catholique

1589 — Assassinat d'Henri III, Henri de Navarre devient Henri IV

En 1589, Henri III, dernier roi de la dynastie des Valois, est assassiné par un moine fanatique, Jacques Clément, marquant la fin d'une époque et le début d'une nouvelle. Sans descendance, avec sa mort, la couronne passe à Henri de Navarre, son beau-frère. Il est le chef des huguenots et roi de Navarre et devient Henri IV de France. Son accession au trône est un moment décisif dans l'histoire de France, car il est le premier monarque de la dynastie des Bourbon.

Henri IV hérite d'un royaume en proie à des divisions religieuses profondes et à des troubles civils. Sa montée sur le trône est contestée par la Ligue catholique, qui refuse d'accepter un roi protestant.

1593 — Conversion d'Henri IV au catholicisme

En 1593, Henri IV, initialement protestant, se convertit au catholicisme, un acte qui marque un tournant crucial dans son règne et dans l'histoire de France. Cette conversion est souvent résumée par la célèbre phrase attribuée à Henri IV : « Paris vaut bien une messe ». Cette décision pragmatique est prise dans le contexte des guerres de religion et de la forte résistance de la majorité catholique de France à un roi protestant. La conversion d'Henri IV est perçue comme un geste de réconciliation nationale et un moyen de restaurer la paix dans un royaume déchiré par les conflits religieux. Elle lui permet de gagner le soutien de la population catholique et de légitimer son autorité sur le trône de France, contribuant ainsi à l'unification et à la stabilisation du pays.

Henri de Navarre (1553-1610)

Roi de Navarre de 1572 à 1610, il devient Henri IV, roi de France de 1589 à 1610, après la mort de son beau-frère. Il est célèbre pour avoir promulgué l'Édit de Nantes en 1598, accordant une certaine tolérance religieuse aux protestants, mettant ainsi fin aux guerres de Religion en France.

- 1589 Assassinat d'Henri III Début du règne d'Henri IV
  - 1593 Conversion d'Henri IV

Signature de l'Édit de Nantes

L'Édit de Nantes, signé par Henri IV en 1598, est un texte législatif fondamental qui met fin aux guerres de religion en France. Cet édit accorde une certaine liberté de culte aux protestants huguenots, tout en reconnaissant le catholicisme comme la religion officielle du royaume. Il offre également des garanties de sécurité et des droits civils aux protestants, tout en leur permettant de conserver certaines places fortes.

L'Édit de Nantes est considéré comme un exemple précoce de tolérance religieuse en Europe et un effort notable pour établir une coexistence pacifique entre catholiques et protestants.

Sa promulgation marque la fin d'une période de conflits violents et l'ouverture d'une ère de relative stabilité religieuse en France, bien que des tensions subsistent. L'édit reste en vigueur jusqu'à sa révocation par Louis XIV en 1685, un acte qui entraînera une nouvelle période de persécution des protestants.

Henri IV et l'Edit de Nantes

1594 — Entrée d'Henri IV à Paris, réunification de la France

En 1594, après plusieurs années de conflits liés aux guerres de religion et à sa propre légitimité contestée, Henri IV fait une entrée triomphale à Paris, symbolisant la réconciliation et la réunification de la France.

Cette entrée marque la reconnaissance d'Henri IV en tant que roi légitime par les Parisiens, majoritairement catholiques, qui s'étaient longtemps opposés à lui en raison de ses origines protestantes.

La prise de Paris est un moment clé du règne d'Henri IV, consolidant son pouvoir et affirmant son autorité sur l'ensemble du royaume. Cet événement illustre également le succès de sa politique de pacification et de réconciliation nationale, amorcée par sa conversion au catholicisme l'année précédente et poursuivie par ses efforts pour restaurer la stabilité et l'unité du pays.

1600 — Mariage d'Henri IV avec Marie de Médicis

Le futur roi Henri IV et Marguerite de Valois, soeur de Charles IX et d'Henri III et fille de Catherine de Médicis, s'étaient mariés en 1572 dans le cadre du mariage de la Saint-Barthélemy, mais leur relation était rapidement devenue tendue en raison des différences religieuses. Henri était protestant, tandis que Marguerite était catholique. Le couple a vécu séparé pendant de nombreuses années, et en 1599, le mariage a officiellement été annulé par le pape. Henri IV et Marguerite de Valois ont par la suite mené des vies séparées, et Henri IV a épousé Marie de Médicis en 1600. Ce mariage est un événement significatif, tant sur le plan politique que dynastique.

- 1593 Conversion d'Henri IV
- 1594 Entrée d'Henri IV à Paris Réunification de la France
- 1599 Annulation du mariage d'Henri IV et de Marguerite de Valois
- 1600 Mariage d'Henri IV et de Marie de Médicis

Marie de Médicis, membre de la puissante famille des Médicis de Florence, apporte une alliance prestigieuse et un important soutien financier à la couronne française. Ce mariage renforce les liens de la France avec l'Italie et d'autres puissances catholiques européennes, ce qui est particulièrement important dans le contexte post-guerres de religion. Le mariage est également crucial pour la succession : Marie de Médicis donne naissance à plusieurs enfants, dont le futur Louis XIII, assurant ainsi la continuité de la dynastie des Bourbons.

Fondation de l'Académie française

En 1604, Henri IV fonde l'Académie française, une institution dédiée à la préservation et à la standardisation de la langue française. Cette initiative est en partie motivée par le désir d'affirmer la culture et l'identité nationales françaises, en écho aux mouvements de la Renaissance.

L'Académie française, composée d'éminents littéraires et érudits, est chargée de rédiger un dictionnaire de la langue française, de fixer des règles grammaticales et de servir de gardienne de la pureté linguistique. La création de l'Académie marque un moment important dans l'histoire culturelle de la France, soulignant l'importance accordée à la langue comme élément unificateur et comme expression de l'identité nationale.

Marie de Médicis (1575-1642)

Archiduchesse d'Autriche et reine de France en tant qu'épouse d'Henri IV. Après l'assassinat d'Henri IV, elle a exercé la régence en tant que mère du roi Louis XIII, après la mort d'Henri IV, mais des conflits politiques ont conduit à son exil en 1617.

- 1604
Fondation de l'Académie française

1607 — Paix de Saint-Julien avec les protestants

La Paix de Saint-Julien, conclue en 1607, est un accord important entre Henri IV et les protestants huguenots de France. Elle fait suite à l'Édit de Nantes de 1598, qui avait déjà accordé des droits significatifs aux protestants, dans une tentative de mettre fin aux guerres de religion.

La Paix de Saint-Julien vise à résoudre les tensions restantes et à assurer une application plus effective de l'Édit de Nantes. Cet accord confirme les droits des protestants à pratiquer librement leur religion et à occuper des positions au sein du gouvernement et des institutions. Il marque un pas supplémentaire vers la tolérance religieuse et la coexistence pacifique en France, bien que des tensions et des conflits sporadiques entre catholiques et protestants persistent.

1610 — Assassinat d'Henri IV par Ravaillac

Henri IV, un des rois les plus populaires et influents de l'histoire française, est assassiné le 14 mai 1610 par François Ravaillac, un fanatique catholique. L'assassinat se produit dans les rues de Paris et choque profondément la nation.

Henri IV avait réussi à stabiliser la France après des décennies de guerres de religion, et son règne avait été marqué par des réformes économiques et sociales importantes, ainsi que par des efforts pour renforcer l'autorité royale.

François Ravaillac (1578-1610)

Français qui a assassiné le roi Henri IV en 1610. Motivé par des convictions religieuses et politiques, son acte a eu des conséquences importantes sur la monarchie française et l'histoire de la période.

- 1607
Paix de Saint-Julien
Confirmation de l'Édit de Nantes
Confirmation des droits des protestants

- 1610
Assassinat d'Henri IV par Ravaillac

Son assassinat ouvre une période d'incertitude et de régence, son fils Louis XIII étant encore mineur à l'époque. Sa mort laisse donc un vide politique et entraîne une lutte pour le pouvoir, marquant le début d'une période instable pour la France avec la régence de Marie de Médicis et l'ascension ultérieure du cardinal de Richelieu.

L'Âge classique

➤ Le règne de Louis XIII et Richelieu

➤ Louis XIV et la monarchie absolue

➤ L'Ancien Régime et ses crises

Le règne de Louis XIII et Richelieu

Accession au trône de Louis XIII

1610

Louis XIII monte sur le trône de France en 1610, à l'âge de seulement neuf ans, suite à l'assassinat de son père, Henri IV. Son accession au pouvoir marque le début d'une période de régence, sa mère, Marie de Médicis, assurant la régence jusqu'à sa majorité.

Le début du règne de Louis XIII est marqué par l'instabilité politique et les conflits de pouvoir à la cour, ainsi que par les tensions religieuses et sociales héritées des règnes précédents.

Louis XIII, bien qu'étant un roi moins charismatique que son père, va progressivement s'affirmer et jeter les bases d'une monarchie absolue en France, notamment grâce à son alliance avec le cardinal de Richelieu.

Assassinat de Concino Concini et prise de pouvoir effective de Louis XIII

1617

En 1617, Louis XIII, âgé de 16 ans, décide de prendre le contrôle effectif du gouvernement et d'affirmer son indépendance vis-à-vis de sa mère, Marie de Médicis, et de ses favoris, en particulier Concino Concini. Concini, un Italien qui avait acquis une grande influence à la cour, est assassiné sur ordre du roi.

Louis XIII (1601-1643)

Roi de France de 1610 à 1643. Fils d'Henri IV et de Marie de Médicis, son règne a été marqué par des conflits, dont la révolte de la noblesse et la guerre de Trente Ans.

Concino Concini (1575-1617)

Homme d'État italien qui a acquis une grande influence à la cour de Louis XIII de France. En tant que favori de la reine mère Marie de Médicis, il a suscité l'hostilité des nobles français, ce qui a conduit à son assassinat en 1617.

- **1610** Assassinat d'Henri IV par Ravaillac
  Début du règne de Louis XIII
  Début de la régence de Marie de Médicis
- **1615** Mariage de Louis XIII et Anne d'Autriche
- **1617** Assassinat de Concino Concini
  Prise de pouvoir effective de Louis XIII

Cet acte marque le début du règne personnel de Louis XIII et la fin de la régence de Marie de Médicis. L'assassinat de Concini est suivi par l'exil de la reine mère, ce qui permet à Louis XIII de consolider son autorité et de commencer à réorganiser le gouvernement de la France.

Cardinal de Richelieu devient le principal ministre de Louis XIII

1624

L'année 1624 est une autre étape clé du règne de Louis XIII, avec la nomination du cardinal de Richelieu comme principal ministre. Richelieu, un ecclésiastique et homme d'État habile, va devenir l'un des conseillers les plus influents de Louis XIII et un acteur majeur de la politique française. Son administration est caractérisée par des efforts visant à renforcer l'autorité royale et à centraliser le gouvernement.

Richelieu joue un rôle crucial dans la lutte contre l'influence des nobles et dans la réduction du pouvoir des Huguenots, tout en préservant la paix intérieure. Il est également un acteur clé de la politique étrangère française, notamment en s'impliquant dans la Guerre de Trente Ans pour contrer la puissance des Habsbourg. L'influence de Richelieu sur Louis XIII et sur la France sera décisive pour l'établissement de l'absolutisme royal.

Cardinal de Richelieu (1585-1642)

Armand Jean du Plessis, connu sous le nom de Cardinal de Richelieu, était un homme d'État français et le principal ministre de Louis XIII. Il a joué un rôle central dans la consolidation du pouvoir royal, la réduction de l'influence nobiliaire, et dans les affaires intérieures et extérieures de la France au XVIIe siècle.

- 1624
Richelieu devient le principal ministre de Louis XIII

1627-1628 — Siège de La Rochelle, répression des protestants

Le siège de La Rochelle, qui se déroule de 1627 à 1628, est un épisode majeur de la politique intérieure du cardinal de Richelieu sous le règne de Louis XIII. La Rochelle était l'un des principaux bastions protestants huguenots en France, et le siège est une tentative déterminée du gouvernement royal pour réduire leur influence et leur autonomie.

Ce siège, particulièrement long et difficile, aboutit finalement à la reddition de la ville après que ses habitants eurent subi des privations extrêmes. La capitulation de La Rochelle marque un tournant dans les guerres de religion en France : elle symbolise la victoire du pouvoir royal catholique sur les forces protestantes et consolide l'autorité centrale de la monarchie. Cet événement représente également un succès important pour Richelieu et sa politique de centralisation du pouvoir.

1635 — Entrée en guerre de la France contre l'Espagne dans la Guerre de Trente Ans

En 1635, la France, sous le règne de Louis XIII et la direction de Richelieu, entre officiellement dans la Guerre de Trente Ans en déclarant la guerre à l'Espagne. Ce conflit européen majeur, initialement centré sur des questions religieuses, avait évolué en une lutte de pouvoir entre les grandes dynasties européennes.

> **La guerre de Trente Ans (1618-1648)**
>
> Conflit majeur en Europe centrale, principalement en Allemagne, impliquant de nombreuses puissances européennes.
>
> Elle a été déclenchée par des tensions religieuses, politiques et territoriales, notamment entre les catholiques et les protestants, et a laissé des conséquences dévastatrices sur le plan humain et économique.

- 1627-1628
  Siège de La Rochelle
  - 1635
    Entrée en guerre de la France dans la Guerre de Trente Ans contre l'Espagne

L'intervention de la France est motivée par le désir de Richelieu de contrer la puissance des Habsbourg, puissante famille royale européenne originaire d'Autriche, qui régnaient à la fois sur l'Empire espagnol et le Saint-Empire romain germanique. L'engagement français dans cette guerre va durer jusqu'à la fin du conflit en 1648, avec la signature du Traité de Westphalie.

Cette période est marquée par d'importantes batailles et par un effort considérable, tant humain que financier, qui aura des conséquences profondes sur la société et l'économie françaises.

Mort de Louis XIII, début de la régence d'Anne d'Autriche et Mazarin

1643

Louis XIII meurt en 1643, laissant le trône à son fils Louis XIV, alors âgé de seulement cinq ans. La mort de Louis XIII inaugure une période de régence dirigée par sa veuve, Anne d'Autriche, et par le cardinal Mazarin, successeur de Richelieu. Cette régence est confrontée à des défis majeurs, tant sur le plan intérieur, avec la Fronde (une série de révoltes contre l'autorité royale et la politique fiscale), que sur le plan extérieur, avec la poursuite de la guerre contre l'Espagne.

Anne d'Autriche (1601-1666)

Infante espagnole de la maison de Habsbourg, fille du roi Philippe III d'Espagne. Elle devint reine de France en épousant Louis XIII en 1615, jouant un rôle politique important et devenant la mère du futur roi Louis XIV.

Jules Mazarin (1602-1661)

Homme d'État italien et cardinal qui a servi comme principal ministre de la France sous Louis XIV pendant la régence d'Anne d'Autriche. Il a continué la politique de Richelieu et a joué un rôle clé dans la consolidation du pouvoir royal et la fin de la guerre de Trente Ans.

- 1642 Mort de Richelieu
  - 1643
    Mort de Louis XIII
    Début du règne de Louis XIV
    Début de la régence d'Anne d'Autriche avec Mazarin

Anne d'Autriche et Mazarin parviennent à maintenir l'autorité royale et à naviguer dans les eaux tumultueuses de la politique française, posant les bases pour le règne de Louis XIV. La période de régence est également importante pour le développement ultérieur de Louis XIV en tant que monarque absolu, influencé par les événements de sa jeunesse et les enseignements de Mazarin.

Louis XIV et la monarchie absolue

Accession au trône de Louis XIV

1643

En 1643, à la mort de son père Louis XIII, Louis XIV, alors âgé de seulement quatre ans, devient roi de France. Son accession au trône marque le début d'un règne qui durera 72 ans, jusqu'en 1715, le plus long de l'histoire européenne. Durant les premières années de son règne, la France est dirigée par sa mère, Anne d'Autriche, et le cardinal Mazarin, en tant que régents. Louis XIV, surnommé le "Roi-Soleil", est connu pour son règne absolutiste et son désir de centraliser et de renforcer le pouvoir royal. Son règne va profondément influencer l'histoire de la France et de l'Europe, notamment par sa politique intérieure, ses guerres et son mécénat des arts.

La Fronde

1648-1653

La Fronde, qui se déroule de 1648 à 1653, est une série de révoltes et de conflits en France. Elle est motivée par le mécontentement envers le gouvernement royal et la gestion du royaume par le cardinal Mazarin, en particulier en ce qui concerne la fiscalité et la centralisation du pouvoir.

- 1643
  Mort de Louis XIII
  Début du règne de Louis XIV
  Début de la régence d'Anne d'Autriche avec Mazarin

La Fronde comprend deux phases principales : la Fronde parlementaire, centrée à Paris et menée par des magistrats en quête d'une plus grande influence politique, et la Fronde des princes, marquée par des conflits armés entre factions nobiliaires rivales. Ces révoltes ont un impact significatif sur le jeune roi, contribuant à façonner sa vision de la monarchie et son désir de contrôle absolu.

Mort de Mazarin, début du règne personnel de Louis XIV

La mort du cardinal Mazarin en 1661 marque le début du règne personnel de Louis XIV. À partir de ce moment, Louis XIV décide de gouverner sans Premier ministre, affirmant son intention de contrôler directement les affaires du royaume. Cette période est marquée par une centralisation accrue du pouvoir et l'affirmation de l'autorité absolue du roi.

Louis XIV entreprend de vastes réformes administratives, fiscales et militaires, et supervise personnellement les décisions politiques, diplomatiques et culturelles. Son règne est également célèbre pour la construction du palais de Versailles, symbole de la puissance et de la grandeur de la monarchie française.

> **La Fronde (1648-1653)**
>
> Série de révoltes et de conflits en France, principalement entre 1648 et 1653, marquée par des tensions entre le pouvoir royal de Louis XIV, alors jeune, et divers groupes, y compris la noblesse et le Parlement de Paris. Ces troubles ont eu des conséquences significatives sur la gouvernance française et ont influencé la politique ultérieure de Louis XIV.

- 1648-1653
  La Fronde
- 1661
  Mort de Mazarin
  Début du règne personnel de Louis XIV

1672 Début de la guerre de Hollande

La guerre de Hollande, qui commence en 1672, est un conflit majeur opposant la France aux Provinces-Unies (actuels Pays-Bas), ainsi qu'à plusieurs de leurs alliés européens, dont l'Espagne et le Saint-Empire romain germanique. Cette guerre est initiée par Louis XIV dans le but d'étendre les frontières françaises vers le nord et d'affirmer la suprématie de la France en Europe.

La campagne débute par une invasion rapide et réussie des Provinces-Unies, mais se transforme rapidement en un conflit prolongé, coûteux et complexe. La guerre de Hollande illustre l'ambition expansionniste de Louis XIV et sa puissance militaire, mais elle conduit également à une coalition européenne contre la France, posant les bases des conflits futurs en Europe.

1682 Installation de la cour à Versailles

En 1682, Louis XIV transfère officiellement la cour royale et le gouvernement français au palais de Versailles, qu'il a fait considérablement agrandir et embellir. Cette décision symbolise l'apogée du pouvoir absolu de Louis XIV et l'importance de Versailles en tant que centre du pouvoir politique et culturel.

Le palais devient un outil de contrôle politique, où Louis XIV peut surveiller de près la haute noblesse, renforçant ainsi son autorité sur elle. Versailles devient également un symbole de la grandeur et du rayonnement culturel de la France, attirant artistes, intellectuels et dignitaires du monde entier. L'installation à Versailles marque une étape importante dans l'histoire de la monarchie française et dans le développement de l'art et de l'architecture baroque.

Palais de Versailles

Situé près de Paris, il a été initialement construit par Louis XIII au XVIIe siècle. Louis XIV a ensuite agrandi et transformé le château en un somptueux palais, symbole du pouvoir absolu, de la grandeur et de l'art classique français, avec de magnifiques jardins conçus par André Le Nôtre.

- 1672
  Début de la guerre de Hollande
  - 1682
    Installation de la cour royale à Versailles

Révocation de l'Édit de Nantes

En 1685, Louis XIV signe l'Édit de Fontainebleau, révoquant l'Édit de Nantes de 1598 qui avait accordé la liberté de culte aux protestants en France. Cette révocation marque un durcissement de la politique religieuse du roi et une remise en cause de la tolérance religieuse. Elle entraîne la fermeture des églises protestantes, l'interdiction de leur culte et l'exil de nombreux Huguenots, qui fuient en Europe protestante, emportant avec eux leurs savoir-faire et leurs compétences. La révocation de l'Édit de Nantes a des conséquences économiques et culturelles négatives pour la France et est considérée comme une des erreurs majeures de Louis XIV.

Guerre de Succession d'Espagne

La Guerre de Succession d'Espagne, qui se déroule de 1701 à 1714, est un conflit majeur impliquant la plupart des grandes puissances européennes. Elle est déclenchée par la mort sans héritier de Charles II d'Espagne et la volonté de Louis XIV de placer son petit-fils, Philippe d'Anjou (futur Philippe V), sur le trône espagnol.

Cette perspective de voir les couronnes française et espagnole unies soulève des inquiétudes quant à l'équilibre des pouvoirs en Europe. La guerre est longue et coûteuse, marquée par des batailles majeures et des changements d'alliances. Elle se termine par le Traité d'Utrecht en 1713, qui reconnaît Philippe V comme roi d'Espagne mais stipule qu'il renonce à ses droits sur le trône français, évitant ainsi l'union des deux couronnes.

- 1685
Signature de l'Edit de Fontainebleau
Révocation de l'Edit de Nantes
- 1701-1714
Guerre de succession d'Espagne
- 1713
Traité d'Utrecht
Confirmation de Philippe V roi d'Espagne

1715 — Mort de Louis XIV, début de la régence de Philippe d'Orléans

Louis XIV meurt en 1715, après un règne de 72 ans. Sa mort marque la fin d'une époque et le début d'une période de régence, car son arrière-petit-fils et successeur, Louis XV, n'a que cinq ans. La régence est assurée par Philippe d'Orléans, neveu de Louis XIV. Cette période est caractérisée par un assouplissement de la politique rigide de Louis XIV et par des tentatives de réformes, notamment financières et judiciaires.

La régence de Philippe d'Orléans voit également un relâchement des mœurs à la cour et un renouveau culturel et intellectuel. Cependant, elle est également marquée par des intrigues politiques et des luttes de pouvoir, posant les bases des défis auxquels Louis XV devra faire face pendant son règne.

Louis XV (1710-1774)

Roi de France de 1715 à 1774, succédant à son arrière-grand-père Louis XIV. Son règne a été marqué par des défis économiques, politiques et sociaux, y compris la guerre de Succession d'Autriche et la montée des critiques envers la monarchie absolue.

Philippe d'Orléans (1674-1723)

Connu aussi sous le nom de Régent, petit-fils de Louis XIII et le neveu de Louis XIV. Il a exercé la régence de France de 1715 à 1723 pendant la minorité de Louis XV, jouant un rôle politique crucial après la mort de Louis XIV et avant l'accession au trône de Louis XV.

- 1715
  Mort de Louis XIV
  Début du règne de Louis XV
  Début de la régence de Philippe d'Orléans

L'Ancien Régime et ses crises

Guerre de Succession d'Autriche

La Guerre de Succession d'Autriche, qui se déroule de 1740 à 1748, est un conflit majeur impliquant plusieurs puissances européennes, dont la France. Le conflit commence à la suite de la mort de l'empereur Charles VI du Saint-Empire, dont la fille, Marie-Thérèse, doit défendre son droit à l'héritage des territoires habsbourgeois. La France, sous le règne de Louis XV, s'engage dans cette guerre aux côtés de la Prusse, principalement pour affaiblir la maison des Habsbourg et étendre son influence en Europe.

La guerre est caractérisée par de nombreuses batailles et conflits sur divers fronts. Elle démontre la complexité de la diplomatie et des alliances de l'époque, ainsi que l'importance croissante des questions de succession et d'équilibre des pouvoirs en Europe.

Signature du Traité d'Aix-la-Chapelle et la fin de la guerre de Succession d'Autriche

Le Traité d'Aix-la-Chapelle, signé en 1748, met fin à la Guerre de Succession d'Autriche. Ce traité rétablit l'équilibre des pouvoirs en Europe, bien que de nombreuses questions restent non résolues, posant les bases pour de futurs conflits.

Selon les termes de ce traité, Marie-Thérèse d'Autriche est reconnue comme héritière des territoires habsbourgeois, mais la Prusse conserve la Silésie, qu'elle avait conquise. La France, quant à elle, rend les territoires qu'elle avait occupés pendant la guerre mais gagne en prestige.

- 1740-1748
Guerre de succession d'Autriche
Révocation de l'Edit de Nantes

- 1748
Signature du Traité d'Aix-la-Chapelle
Fin de la Guerre de succession d'Autriche

Le Traité d'Aix-la-Chapelle est significatif car il montre la prévalence de la diplomatie et du compromis sur la guerre, reflétant les changements dans la manière dont les conflits internationaux sont résolus à cette époque.

1751-1772 Publication de l'Encyclopédie par Diderot et d'Alembert

La publication de l'Encyclopédie, ou dictionnaire raisonné des sciences, des arts et des métiers, éditée par Denis Diderot et Jean le Rond d'Alembert, entre 1751 et 1772, marque un jalon important dans l'histoire intellectuelle de l'Europe.

Cette œuvre monumentale, composée de 28 volumes, vise à rassembler et à diffuser le savoir et les idées de l'époque des Lumières. L'Encyclopédie couvre un large éventail de sujets, allant des sciences et des arts aux métiers et à la technologie, et inclut les contributions de nombreux philosophes et intellectuels de premier plan.

Elle joue un rôle clé dans la diffusion des idées des Lumières, promouvant des principes tels que la raison, le scepticisme, et le questionnement de l'autorité traditionnelle. En dépit de la controverse et de la censure, l'Encyclopédie a un impact considérable sur le développement intellectuel et culturel en Europe et est considérée comme un symbole de la pensée moderne.

Denis Diderot (1713-1784)

Ecrivain, philosophe et encyclopédiste français. Il est surtout connu pour avoir été l'éditeur principal de l'"Encyclopédie", une œuvre majeure du XVIIIe siècle qui a contribué à diffuser les idées des Lumières.

Jean le Rond d'Alembert (1717-1783)

Mathématicien, physicien et philosophe français, collaborateur important de l'"Encyclopédie". Ses contributions aux sciences, en particulier en mathématiques, ainsi que son engagement pour la diffusion des connaissances, ont marqué les Lumières du XVIIIe siècle.

- 1751-1772
  Publication de l'Encyclopédie
  - 1774
    Mort de Louis XV
    Début du règne de Louis XVI, petit-fils de Louis XV

Guerre de Sept Ans, perte des colonies françaises en Amérique

La Guerre de Sept Ans, qui se déroule de 1756 à 1763, est un conflit mondial impliquant les principales puissances européennes de l'époque. Elle est souvent considérée comme la première "guerre mondiale" en raison de son champ d'action, qui s'étend en Europe, en Amérique, en Asie et en Afrique. La France, en lutte principalement contre la Grande-Bretagne, subit de lourdes pertes, notamment dans ses colonies américaines.

La guerre se termine par le Traité de Paris de 1763, qui conduit à d'importantes pertes territoriales pour la France. La Nouvelle-France (Canada) et plusieurs colonies en Inde passent sous contrôle britannique. Cette défaite marque un tournant dans l'histoire coloniale française et a des répercussions importantes sur la politique intérieure française, alimentant le mécontentement à l'égard du gouvernement royal.

Convocation des États généraux par Louis XVI

Face à une crise financière et économique croissante, exacerbée par la participation de la France à la Guerre d'Indépendance américaine et par des décennies de politiques fiscales inefficaces, Louis XVI convoque les États généraux en 1788. Cette assemblée, qui n'avait pas été convoquée depuis 1614, réunit des représentants des trois ordres de la société française : la noblesse, le clergé et le tiers-état. La convocation des États généraux est vue comme une tentative de trouver des solutions à la crise financière, mais elle ouvre également la voie à des demandes de réformes politiques et sociales plus profondes.

Louis XVI (1754-1793)
Dernier roi de France avant la Révolution française. Son règne a été marqué par des difficultés financières, des tensions sociales et politiques, aboutissant à son exécution lors de la Révolution en 1793.

- 1756-1753
  Guerre de Sept Ans
  Perte des colonies françaises
  - 1788
    Convocation des États généraux

1789 Ouverture des États généraux, début de la Révolution française

L'ouverture des États généraux le 5 mai 1789 marque le début de la Révolution française. Rapidement, des divergences apparaissent entre les ordres, en particulier autour de la question du vote par ordre ou par tête. Le tiers-état, se proclamant "Assemblée nationale" et se considérant comme le véritable représentant du peuple, initie un processus révolutionnaire.

Les mois qui suivent sont marqués par des événements majeurs tels que la prise de la Bastille le 14 juillet 1789 et la Déclaration des droits de l'homme et du citoyen en août 1789.

Ces événements symbolisent la fin de l'Ancien Régime et le début d'une période de profonds bouleversements politiques, sociaux et culturels en France.

Le Tiers-état
Classe sociale la plus nombreuse en France avant la Révolution. Il englobait la grande majorité de la population, y compris les paysans, les artisans et la bourgeoisie, mais était souvent soumis à des impôts lourds et avait des droits politiques limités par rapport à la noblesse et au clergé.

La noblesse
Classe sociale privilégiée en France avant la Révolution, composée de personnes ayant hérité de titres, de terres et de privilèges. Elle jouissait de privilèges fiscaux et sociaux, mais était souvent exemptée de certaines obligations financières.

Le clergé
Classe sociale en France principalement composée de membres de l'Église catholique, divisé en haut clergé (archevêques, évêques) et bas clergé (prêtres, moines, religieuses). Il détenait des terres, des richesses et jouissait de privilèges, mais était également souvent critiqué pour ses exemptions fiscales et son influence dans la société.

- 1789
  Ouverture des États généraux
  Début de la Révolution française

La Révolution française et l'Empire

➤ La Révolution française

➤ Napoléon Bonaparte et les guerres napoléoniennes

La Révolution française

1789 — Prise de la Bastille le 14 juillet

La prise de la Bastille le 14 juillet 1789 est un événement emblématique et un tournant majeur de la Révolution française. La Bastille, une forteresse et prison à Paris, était perçue comme un symbole de l'autoritarisme et de l'oppression de l'Ancien Régime. Son assaut par les Parisiens est motivé par la recherche de munitions et d'armes, mais surtout, il est le symbole de la révolte contre l'autorité royale et les injustices sociales.

La chute de la Bastille est célébrée depuis comme la Fête nationale française et représente la lutte du peuple pour la liberté et la démocratie.

1789 — Adoption de la Déclaration des droits de l'homme et du citoyen

La Déclaration des droits de l'homme et du citoyen, adoptée le 26 août 1789 par l'Assemblée nationale constituante, est un document fondamental de la Révolution française.

Elle établit les principes de liberté, d'égalité et de fraternité qui vont devenir les fondements idéologiques de la nouvelle société française. Cette Déclaration énonce les droits naturels et inaliénables de l'homme, y compris la liberté d'expression, la liberté de religion, et le droit à un procès équitable.

Elle influence grandement le développement des droits humains et des démocraties libérales dans le monde entier.

- 14 Juillet 1789
  Prise de la Bastille
    - 26 Août 1789
      Adoption de la DDHC

Fuite du roi Louis XVI à Varennes

En Juin 1791, Louis XVI et sa famille tentent de fuir la France révolutionnaire, dans un épisode connu sous le nom de fuite à Varennes. Leur tentative d'évasion échoue lorsqu'ils sont reconnus et arrêtés à Varennes-en-Argonne.

Cet événement marque un tournant décisif dans la Révolution française, exacerbant les tensions entre le roi et l'Assemblée nationale et affaiblissant considérablement sa position. La fuite à Varennes conduit à une méfiance accrue envers le roi et alimente les suspicions quant à ses intentions et sa loyauté envers la Révolution.

Proclamation de la Première République

La proclamation de la Première République française en Septembre 1792 est un autre jalon crucial de la Révolution. Cet événement fait suite à l'escalade de la crise politique et sociale, aggravée par la fuite ratée de Louis XVI et l'invasion de la France par les armées autrichiennes et prussiennes.

L'abolition de la monarchie et l'établissement de la République marquent la fin de l'Ancien Régime et le début d'une nouvelle ère dans l'histoire française. Cette période est caractérisée par des changements radicaux, y compris la mise en œuvre de réformes sociales et politiques importantes, mais aussi par des conflits internes et des guerres extérieures.

Louis XVI (1754-1793)

Dernier roi de France avant la Révolution française. Son règne a été marqué par des difficultés financières, des tensions sociales et politiques, aboutissant à son exécution lors de la Révolution en 1793.

- Juin 1791
Fuite à Varennes de Louis XVI et sa famille
  - Septembre 1792
Proclamation de la 1ere République française

1793 — Exécution de Louis XVI

Le 21 Janvier 1793, Louis XVI est exécuté par la guillotine sur la place de la Révolution (actuelle place de la Concorde) à Paris. Sa condamnation à mort, décidée par la Convention nationale, fait suite à son procès pour trahison et conspiration contre l'État.

L'exécution du roi marque un point de non-retour pour la Révolution française, symbolisant la rupture définitive avec l'Ancien Régime et la monarchie. Elle provoque des réactions variées tant en France qu'à l'étranger, entraînant une escalade des tensions et la formation de coalitions européennes contre la France révolutionnaire.

1793-1794 — Période de la Terreur sous Robespierre

La Terreur, période s'étalant d'environ Septembre 1793 à Juillet 1794, est une phase critique de la Révolution française, marquée par des mesures répressives extrêmes et des exécutions massives. Menée principalement sous l'égide de Maximilien de Robespierre et du Comité de salut public, la Terreur vise à éliminer les ennemis de la Révolution et à préserver les acquis révolutionnaires face aux menaces internes et externes. Des milliers de personnes, y compris des figures révolutionnaires, sont exécutées, souvent après des procès sommaires.

Maximilien Robespierre (1758-1794)

Avocat et homme politique français, une figure clé de la Révolution française. Il était membre influent du Comité de salut public pendant la Terreur, période caractérisée par des exécutions massives. Robespierre a finalement été arrêté et exécuté lui-même en 1794.

Le Comité de salut public

Organe exécutif chargé de gouverner la France pendant la Terreur. Dirigé par des figures telles que Maximilien Robespierre, il exerçait des pouvoirs étendus pour protéger la République contre ses ennemis intérieurs et extérieurs, mais ses méthodes autoritaires et les excès de la Terreur ont suscité des controverses.

- 21 Janvier 1793
  Exécution de Louis XVI

- 1793-1794
  Période de la Terreur

Bien que la Terreur ait été justifiée par ses instigateurs comme nécessaire pour défendre la République, elle reste une période controversée et tragique de l'histoire française.

Fondation de l'École normale supérieure

L'École normale supérieure (ENS) est fondée en 1794, dans le contexte de la Révolution française, avec pour objectif de former des enseignants éclairés pour éduquer les citoyens de la nouvelle République. Elle est créée par un décret de la Convention nationale, dans l'esprit des idéaux des Lumières et de la Révolution, et s'inscrit dans un mouvement plus large de réforme et de modernisation de l'éducation en France. L'ENS devient rapidement un établissement d'enseignement supérieur de premier plan, attirant des intellectuels et des scientifiques renommés.

Établissement du Directoire

Le Directoire est le régime politique qui gouverne la France de 1795 à 1799, succédant au Comité de salut public et à la Terreur. Il est établi par la Constitution de l'an III, qui instaure un système de gouvernement avec un exécutif composé de cinq membres (les Directeurs) et deux assemblées législatives.

Le Directoire marque une tentative de stabilisation politique après les excès de la Terreur, mais il est aussi marqué par des conflits politiques, une instabilité financière et des révoltes internes. Cette période est également caractérisée par la poursuite des guerres révolutionnaires en Europe. Le régime va finir par être renversé par le coup d'État du 18 Brumaire (9 novembre 1799) de Napoléon Bonaparte, mettant fin à la Révolution française et ouvrant la voie au Consulat.

- 1794
Fondation de l'ENS
    - 1795
    Etablissement du Directoire

Napoléon Bonaparte et les guerres napoléoniennes

1799 — Bataille de Marengo

La Bataille de Marengo, qui se déroule le 14 Juin 1799 dans le nord de l'Italie, est une des victoires militaires les plus célèbres de Napoléon Bonaparte. Cette bataille oppose les armées françaises, sous le commandement de Napoléon, aux forces autrichiennes. Malgré une situation critique au début de la bataille, les Français, grâce à une contre-attaque audacieuse et à l'arrivée de renforts, parviennent à renverser la situation et à remporter une victoire décisive.

La bataille de Marengo consolide la position de Napoléon en Italie et renforce son prestige en France. Elle est également significative pour sa démonstration de la maîtrise tactique de Napoléon et de son habileté à motiver ses troupes.

1799 — Coup d'État du 18 Brumaire

Le coup d'État du 18 Brumaire (9 novembre 1799) marque l'ascension au pouvoir de Napoléon Bonaparte en France. Mécontent du gouvernement du Directoire et profitant de l'instabilité politique, Napoléon, avec le soutien de plusieurs politiciens et militaires, renverse le Directoire et établit le Consulat, avec lui-même comme Premier Consul.

Ce coup d'État met fin à la Révolution française et au régime du Directoire, ouvrant la voie à l'autoritarisme et à la centralisation du pouvoir sous Napoléon.

Napoléon Bonaparte (1769-1821)

Militaire et homme d'État français, après avoir émergé comme le leader dominant à la suite de la Révolution française, il devient empereur en 1804. Il a mené des campagnes militaires réussies, établi le Premier Empire français et laissé une empreinte significative sur l'Europe avant sa défaite à Waterloo en 1815.

- 14 Juin 1799
  Bataille de Marengo
- 18 Brumaire (9 Novembre 1799)
  Coup d'État de Napoléon

Il marque le début d'une nouvelle phase de l'histoire française, caractérisée par des réformes administratives, législatives et sociales importantes, ainsi que par une expansion militaire continue.

Création de la Légion d'honneur

En 1802, Napoléon Bonaparte crée la Légion d'honneur, une distinction honorifique destinée à récompenser les mérites civils et militaires exceptionnels. Cette institution est innovante pour l'époque, car elle est ouverte à tous les citoyens, indépendamment de leur classe ou de leur naissance, en reconnaissance de leurs services et réalisations pour la nation.

La création de la Légion d'honneur s'inscrit dans les efforts de Napoléon pour bâtir un nouvel ordre social et pour promouvoir un sentiment de patriotisme et de loyauté envers l'État. Elle deviendra l'une des plus hautes distinctions en France et un modèle pour d'autres systèmes de récompenses dans le monde.

Napoléon se couronne empereur des Français

Le 2 décembre 1804, Napoléon Bonaparte, déjà Premier Consul de la République française, se couronne lui-même empereur des Français lors d'une cérémonie fastueuse à la cathédrale Notre-Dame de Paris. Cette action symbolise la consolidation de son pouvoir et le début du Premier Empire français. Le couronnement, auquel assiste le pape Pie VII, marque un tournant dans l'histoire de la France, passant d'une république, issue de la Révolution, à un empire autoritaire sous la direction d'un seul homme.

Napoléon ambitionne de restaurer la grandeur de la France et d'étendre son influence à travers l'Europe, ce qui mènera à une série de guerres napoléoniennes.

- 1802
Création de la Légion d'honneur
    - 2 Décembre 1804
    Napoléon devient empereur des Français

1805 — Bataille de Trafalgar

La Bataille de Trafalgar, survenue le 21 Octobre 1805, est un affrontement naval majeur entre la flotte britannique, dirigée par l'amiral Horatio Nelson, et les flottes française et espagnole. La défaite française à Trafalgar est un coup sévère pour Napoléon, mettant fin à ses plans d'invasion de la Grande-Bretagne et affirmant la suprématie navale britannique.

1805 — Bataille d'Austerlitz

La Bataille d'Austerlitz, également connue sous le nom de "Bataille des Trois Empereurs", a lieu le 2 Décembre 1805. Elle oppose l'armée française de Napoléon aux forces austro-russes. Cette bataille est une victoire décisive pour Napoléon et est souvent considérée comme son plus grand triomphe militaire. Elle consolide son pouvoir en Europe et démontre sa supériorité tactique sur le champ de bataille.

1806 — Bataille d'Iéna

La Bataille d'Iéna, qui se déroule le 14 Octobre 1806, voit les forces françaises, sous le commandement de Napoléon, affronter et vaincre l'armée prussienne. Cette victoire écrasante démontre la puissance de l'armée française et la compétence militaire de Napoléon. Elle mène à l'occupation de la Prusse et à des réformes importantes dans les États allemands. La défaite de la Prusse marque un changement dans l'équilibre des pouvoirs en Europe et ouvre la voie à la domination française sur le continent. Elle a également un impact notable sur le nationalisme allemand et le mouvement pour l'unification de l'Allemagne.

- 21 Octobre 1805
  Bataille de Trafalgar
- 14 Octobre 1806
  Bataille d'Iéna
  - 2 Décembre 1805
    Bataille d'Austerlitz

Campagne de Russie, désastre de la Grande Armée

La campagne de Russie en 1812 est l'une des entreprises militaires les plus ambitieuses et désastreuses de Napoléon Bonaparte. Napoléon envahit la Russie à la tête de la Grande Armée, forte d'environ 600 000 hommes, dans le but de contraindre le tsar Alexandre Ier à se conformer au blocus continental contre le Royaume-Uni. Cependant, la campagne se solde par un échec catastrophique en raison des conditions climatiques extrêmes, des difficultés logistiques, des tactiques de la terre brûlée employées par les Russes, et du manque de soutien local. La retraite de la Grande Armée, notamment pendant l'hiver rigoureux, entraîne des pertes massives en hommes et matériel, affaiblissant considérablement la puissance militaire de Napoléon et marquant le début de son déclin.

Première abdication de Napoléon, retour de la monarchie

En 1814, après une série de défaites et l'avancée des armées coalisées en France, Napoléon Bonaparte est contraint d'abdiquer le 6 Avril. Il est exilé à l'île d'Elbe, tandis que les puissances européennes restaurent la monarchie bourbonienne en France avec Louis XVIII, frère de Louis XVI, comme roi.

Ce retour à la monarchie représente un renversement des réformes et des idéaux napoléoniens, bien que certains acquis sociaux et juridiques de la Révolution et de l'Empire soient conservés. Cette période marque une tentative de rétablir l'ordre ancien tout en intégrant certains changements inévitables apportés par la Révolution et l'Empire.

- 1812
Campagne militaire en Russie
Défaite française de la Grande Armée

- 6 Avril 1814
Abdication de Napoléon
Exil sur l'île d'Elbe

1815 — Cent-Jours et défaite de Waterloo, seconde abdication de Napoléon

La période des Cent-Jours commence en Mars 1815 lorsque Napoléon s'échappe de l'île d'Elbe et retourne en France. Il reprend rapidement le pouvoir, déclenchant une nouvelle guerre contre les puissances européennes coalisées. Cependant, cette restauration est de courte durée.

En effet, la campagne se termine par la défaite de Napoléon à la Bataille de Waterloo le 18 Juin 1815, face aux armées britanniques sous le commandement du duc de Wellington et aux Prussiens commandés par Gebhard Leberecht von Blücher.

Après cette défaite, Napoléon abdique pour la seconde fois le 22 Juin et est exilé à Sainte-Hélène, une île reculée de l'Atlantique Sud, où il restera jusqu'à sa mort en 1821.

La période des Cent-Jours et la défaite de Waterloo marquent la fin définitive du règne de Napoléon et le rétablissement de la monarchie bourbonienne en France.

- Mars 1815
  Début de la période des Cent Jours
- 18 Juin 1815
  Bataille de Waterloo
  - 22 Juin 1815
    Abdication de Napoléon
    Exil sur l'île de Saint-Hélène

Le XIXe siècle

➤ La Restauration et la monarchie de Juillet

➤ La Révolution de 1848 et le Second Empire

➤ La Troisième République et la Belle Époque

➤ Prémices de la Première Guerre mondiale

La Restauration et la monarchie de Juillet

1815

Restauration de la monarchie avec Louis XVIII

Après la défaite de Napoléon Bonaparte et la fin des Cent-Jours, la monarchie est restaurée en France avec Louis XVIII, frère de Louis XVI, montant sur le trône.

Cette période, connue sous le nom de Restauration, marque le retour des Bourbons et un effort pour rétablir l'ordre politique et social de l'Ancien Régime, tout en intégrant certains changements apportés par la Révolution et l'Empire.

La Restauration est caractérisée par une tension entre les aspirations libérales et le désir de restaurer l'autorité monarchique traditionnelle. Sous le règne de Louis XVIII, des efforts sont faits pour établir une monarchie constitutionnelle, conciliant le pouvoir royal avec un gouvernement représentatif.

Quelle est la différence entre une monarchie constitutionnelle et une monarchie absolue (sous Louis XIV) ?

La différence fondamentale entre une monarchie constitutionnelle et une monarchie absolue réside dans la répartition des pouvoirs entre le monarque et d'autres institutions. Dans une monarchie constitutionnelle, le monarque règne conformément à une constitution écrite et ses pouvoirs sont souvent limités par des lois, des institutions et des principes constitutionnels. En revanche, dans une monarchie absolue, le monarque détient un pouvoir absolu et n'est pas limité par des contraintes constitutionnelles, gouvernant souvent de manière autocratique sans le contrôle significatif d'autres organes gouvernementaux. La monarchie constitutionnelle favorise un système plus équilibré et une limitation du pouvoir royal.

Louis XVIII (1755-1824)

Frère cadet de Louis XVI et a été roi de France de 1814 à 1824. Il a restauré la monarchie après la chute de Napoléon Bonaparte et a régné pendant la période connue sous le nom de Restauration, marquée par la réinstauration de la monarchie après la chute de l'Empire napoléonien.

- 1815
Restauration de la Monarchie
Début du règne de Louis XVIII

Révolution de Juillet, avènement de Louis-Philippe Ier et de la monarchie de Juillet

La Révolution de Juillet, également connue sous le nom des "Trois Glorieuses" (27-29 Juillet 1830), est un soulèvement populaire contre le roi Charles X, successeur de Louis XVIII. Cette révolution est déclenchée par l'opposition à ses politiques réactionnaires et à son ordonnance visant à restreindre la liberté de la presse et à dissoudre la Chambre des députés pour retendre vers une monarchie absolue.

La révolution entraîne l'abdication de Charles X et l'ascension de Louis-Philippe Ier, duc d'Orléans, qui est proclamé "roi des Français" plutôt que "roi de France", marquant un changement dans la relation entre la monarchie et le peuple.

La monarchie de Juillet, sous Louis-Philippe, est vue comme plus libérale et orientée vers la bourgeoisie, mais elle est également marquée par des tensions politiques et sociales.

Charles X (1757-1836)

Dernier roi de la branche aînée des Bourbons, il régné en tant que roi de France de 1824 à 1830. Son règne a été marqué par des tensions politiques croissantes, et il a été contraint d'abdiquer lors de la Révolution de Juillet en 1830, mettant fin à la monarchie absolue en France.

Louis-Philippe Ier (1773-1850)

Roi des Français de 1830 à 1848, succédant à Charles X après la Révolution de Juillet. Il a été le dernier monarque à régner en France, avant d'être renversé lors de la Révolution de 1848, qui a conduit à l'établissement de la Deuxième République.

- 1824
Mort de Louis XVIII
Début du règne de Charles X

- 1830
Révolution de Juillet
Abdication de Charles X
Avènement de Louis-Philippe Ier
Début de la monarchie de Juillet

1832 — Révolte des Canuts à Lyon, première grande révolte ouvrière

La révolte des Canuts en 1832 à Lyon est une des premières et des plus importantes révoltes ouvrières de l'histoire française. Les "canuts", ouvriers de la soie lyonnais, se soulèvent contre les conditions de travail difficiles et les bas salaires. Cette révolte est significative car elle illustre les tensions croissantes entre la classe ouvrière émergente et les entrepreneurs de l'industrie naissante, dans le contexte de la Révolution industrielle.

Les demandes des Canuts vont au-delà des questions de salaires, touchant aux conditions de travail, à la dignité ouvrière et à une plus grande égalité sociale. Bien que la révolte soit réprimée, elle marque un tournant dans la prise de conscience des enjeux sociaux et économiques liés à l'industrialisation et préfigure les luttes ouvrières du XIXe siècle.

1833 — Lois Guizot sur l'instruction primaire

En 1833, sous le règne de Louis-Philippe Ier, le ministre de l'Instruction publique François Guizot met en place une série de réformes éducatives importantes, connues sous le nom de lois Guizot. Ces lois visent à développer l'enseignement primaire en France. Elles rendent obligatoire pour chaque commune d'offrir une école primaire pour les garçons.

Bien que l'enseignement reste payant et n'est pas encore obligatoire pour tous les enfants, ces lois constituent un pas significatif vers la démocratisation de l'éducation en France. Elles marquent le début de l'engagement de l'État dans le domaine de l'éducation et posent les fondations pour les réformes ultérieures qui établiront un système éducatif public et laïque.

François Guizot (1787-1874)

Homme politique et historien français du XIXe siècle. Il a servi en tant que Premier ministre sous le règne de Louis-Philippe, jouant un rôle clé dans la Monarchie de Juillet, mais a été contraint de démissionner en 1848 après les événements de la Révolution de Février.

- 1832 Révolte des Canuts à Lyon
  - 1833 Lois Guizot pour l'enseignment primaire

Révolution de Février, abdication de Louis-Philippe Ier

1848

La Révolution de Février 1848 est un soulèvement populaire qui entraîne la chute de la monarchie de Juillet et l'abdication de Louis-Philippe Ier.

Cette révolution est provoquée par une combinaison de mécontentement politique, de tensions sociales et de crises économiques. Les révolutionnaires, composés de travailleurs, d'étudiants et de membres de la bourgeoisie libérale, s'opposent aux restrictions politiques et à la crise économique qui affecte particulièrement les classes laborieuses.

L'abdication de Louis-Philippe le 24 Février 1848 mène à la proclamation de la Deuxième République, qui instaure le suffrage universel masculin et initie plusieurs réformes sociales et politiques, dont l'établissement des ateliers nationaux. La Révolution de 1848 fait partie d'une série de révolutions qui ont lieu à travers l'Europe cette année-là, connues sous le nom de Printemps des Peuples.

> **Suffrage universel masculin**
> Principe politique selon lequel tous les hommes adultes, sans distinction de propriété, de statut social ou d'éducation, ont le droit de voter dans les élections politiques. Ce concept a été un élément clé des mouvements démocratiques visant à élargir la participation politique au XIXe siècle.

- Février 1848
  Abdication de Louis-Philippe Ier
  Chute de la monarchie de Juillet
  - 24 Février 1848
    Proclamation de la Seconde République

La Révolution de 1848 et le Second Empire

1848 — Établissement de la Deuxième République

La Deuxième République est proclamée en France en 1848, suite à la révolution de Février et à l'abdication de Louis-Philippe Ier. Cette période est marquée par des avancées démocratiques significatives, dont l'instauration du suffrage universel masculin et l'abolition de l'esclavage dans les colonies françaises.

Le gouvernement provisoire met en place des réformes sociales, y compris la création des ateliers nationaux pour l'emploi. Cependant, la Deuxième République est également une période de tensions et de conflits politiques entre différentes factions, y compris les républicains modérés, les socialistes et les monarchistes.

1851 — Coup d'État de Louis-Napoléon Bonaparte

Le 2 Décembre 1851, Louis-Napoléon Bonaparte, président de la République et neveu de Napoléon Ier, réalise un coup d'État, mettant fin à la Deuxième République. Ce coup d'État intervient après que Louis-Napoléon se heurte aux limitations constitutionnelles de son mandat présidentiel. Il dissout l'Assemblée nationale et prend le contrôle total du gouvernement. Le coup d'État de 1851 est suivi d'un référendum qui légitime les actions de Louis-Napoléon et lui donne le pouvoir de rédiger une nouvelle constitution.

Louis Napoléon Bonaparte (1808-1873)

Neveu de Napoléon Ier et le premier président de la Deuxième République française en 1848. Il a ensuite orchestré un coup d'État en 1851, devenant empereur sous le nom de Napoléon III, marquant le début du Second Empire.

- Février 1848 — Début de la 2nd République
  Suffrage universel masculin
  Abolition de l'esclavage
- Décembre 1848 — Louis-Napoléon Bonaparte devient président de la République
- 2 Décembre 1851 — Coup d'État de Bonaparte
  Fin de la 2nd République

Proclamation du Second Empire par Napoléon III

1852

En 1852, après avoir consolidé son pouvoir, Louis-Napoléon Bonaparte se proclame empereur des Français, sous le nom de Napoléon III, marquant le début du Second Empire. Ce régime, caractérisé par un autoritarisme initial suivi d'une libéralisation progressive, vise à moderniser la France et à renforcer sa position sur la scène internationale.

Sous Napoléon III, la France connaît une période de modernisation économique et industrielle, d'expansion coloniale et d'intervention militaire en Europe.

Défaite française à Sedan, chute du Second Empire

1870

La défaite française à la Bataille de Sedan, le 1er Septembre 1870, pendant la guerre franco-prussienne, est un moment décisif qui conduit à la chute du Second Empire.

Napoléon III, qui commande personnellement les troupes françaises, est capturé par les forces prussiennes. Cette défaite humiliante ébranle profondément la France et conduit à la déposition de Napoléon III et à la proclamation de la Troisième République. La guerre franco-prussienne se poursuit, mais la capture de Napoléon III et la défaite à Sedan marquent un tournant dans le conflit et ont des conséquences durables sur l'histoire française et européenne.

- 1852
Proclamation de Louis-Napoléon Bonparte comme empereur
Début du Second Empire

- 1870
Bataille de Sedan
Capture de Napoléon III
Proclamation de la Troisième République

La **Troisième République** et la **Belle Époque**

1871 — La Commune de Paris

La Commune de Paris, qui a duré de Mars à Mai 1871, est une période révolutionnaire unique dans l'histoire de France. Suite à la défaite de la France dans la guerre franco-prussienne et aux tensions sociales et politiques croissantes à Paris, les citoyens parisiens se révoltent contre le gouvernement conservateur et établissent leur propre gouvernement, la Commune.

Cette expérience sociale et politique de courte durée tente de mettre en place des réformes progressistes, telles que la séparation de l'Église et de l'État, des réformes éducatives et l'égalité des sexes.

La Commune prend fin brutalement en Mai lors de la "Semaine sanglante", au cours de laquelle les troupes gouvernementales reprennent le contrôle de Paris, entraînant de nombreuses pertes en vies humaines.

1871 — Traité de Francfort, fin de la Guerre franco-prussienne

Le Traité de Francfort, signé le 10 Mai 1871, marque la fin officielle de la guerre franco-prussienne. Ce traité impose des conditions sévères à la France, y compris la cession de l'Alsace et d'une partie de la Lorraine au nouvel Empire allemand, ainsi que le paiement d'importantes réparations de guerre. La perte de ces territoires est ressentie en France comme une humiliation nationale et crée un ressentiment durable qui contribuera aux tensions menant à la Première Guerre mondiale.

- Mars-Mai 1971
  Commune de Paris
  - Mai 1971
    Semaine Sanglante
- 10 Mai 1971
  Signature du Traité de Francfort
  Fin de la guerre franco-prussienne
  Perte de l'Alsace-Lorraine

Le traité de Francfort a également un impact significatif sur la scène européenne, renforçant l'Allemagne en tant que puissance majeure.

Lois Jules Ferry

Sous la Troisième République, Jules Ferry, ministre de l'Instruction publique, met en place une série de réformes fondamentales dans le système éducatif français. Les lois Ferry de 1881 et 1882 rendent l'enseignement primaire gratuit, obligatoire et laïque pour tous les enfants français.

Ces réformes visent à établir un système éducatif accessible à tous les citoyens, indépendamment de leur classe sociale ou de leurs croyances religieuses, et à promouvoir les valeurs républicaines. Les lois Ferry sont considérées comme une étape majeure dans la modernisation de l'éducation en France et ont un impact profond sur la société française, contribuant à la formation d'un citoyen républicain éclairé et engagé.

Inauguration de la Tour Eiffel

La Tour Eiffel est inaugurée en 1889 à l'occasion de l'Exposition universelle de Paris, célébrant le centenaire de la Révolution française. Conçue par l'ingénieur Gustave Eiffel, cette tour de fer de 300 mètres de haut est initialement critiquée par de nombreux artistes et intellectuels de l'époque pour son design audacieux. Cependant, elle devient rapidement un symbole emblématique de Paris et de la France, admirée pour son ingénierie et son esthétique. La Tour Eiffel était, à l'époque, la structure la plus haute du monde, et elle reste aujourd'hui l'un des monuments les plus reconnus et les plus visités au monde.

- 1881-1882
  Lois Ferry
  Enseignement primaire gratuit, laïque et obligatoire

- 1889
  Inauguration de la Tour Eiffel

1894-1906

Affaire Dreyfus

L'Affaire Dreyfus est un scandale politique majeur qui secoue la France de la fin du XIXe siècle au début du XXe siècle. Elle commence en 1894 avec la condamnation injuste du capitaine Alfred Dreyfus, un officier de l'armée française d'origine juive, pour trahison.

L'affaire se transforme en un clivage national profond, opposant les Dreyfusards, qui plaident pour son innocence et dénoncent une erreur judiciaire motivée par l'antisémitisme, aux anti-Dreyfusards, qui soutiennent la condamnation. Après plusieurs rebondissements et une mobilisation publique intense, Dreyfus est finalement réhabilité en 1906. L'Affaire Dreyfus met en lumière les tensions politiques, sociales et religieuses en France, notamment l'antisémitisme, et influence le débat sur la laïcité et la justice.

Loi de séparation des Églises et de l'État

1905

La loi du 9 Décembre 1905 marque la séparation officielle des Églises et de l'État en France, établissant le principe de laïcité dans la République française. Cette loi met fin au Concordat de 1801 entre la France et l'Église catholique, qui avait établi le catholicisme comme religion officielle de l'État.

La loi de 1905 garantit la liberté de conscience et la liberté de culte, tout en stipulant que l'État ne reconnaît, ne salarie ni ne subventionne aucun culte. Elle est le résultat d'un long processus de sécularisation et reflète les idéaux républicains de neutralité religieuse et d'égalité devant la loi. Elle est un élément fondamental de l'identité républicaine en France et continue d'influencer le débat public sur la place de la religion dans la société française.

- 1894-1906
  Affaire Dreyfus
  - 9 Décembre 1905
    Séparation officielle de l'Église et de l'État
    La France devient un État laïque

Prémices de la Première Guerre Mondiale

Crise d'Agadir, tensions coloniales franco-allemandes

1911

La crise d'Agadir, survenue en 1911, est un événement clé dans l'escalade des tensions entre la France et l'Allemagne avant la Première Guerre mondiale. Elle se déroule dans le contexte de la rivalité coloniale en Afrique.

En réponse aux avancées françaises au Maroc, l'Allemagne envoie le navire de guerre "Panther" dans le port d'Agadir, sous prétexte de protéger ses intérêts commerciaux. Cette action est perçue comme une provocation par la France et provoque une crise internationale, exacerbant les tensions entre les deux pays.

La crise est finalement résolue par des négociations qui aboutissent au Traité de Fès, accordant à la France un contrôle presque total sur le Maroc, tandis que l'Allemagne reçoit des compensations territoriales en Afrique équatoriale. La crise d'Agadir accentue la méfiance mutuelle entre la France et l'Allemagne et contribue à la course aux armements en Europe.

Assassinat de l'archiduc François-Ferdinand

1914

L'assassinat de l'archiduc François-Ferdinand d'Autriche, héritier du trône austro-hongrois, et de sa femme, Sophie, le 28 juin 1914 à Sarajevo, est l'événement déclencheur de la Première Guerre mondiale.

L'archiduc est assassiné par Gavrilo Princip, un nationaliste serbe bosniaque, ce qui entraîne une série de réactions en chaîne dans le système complexe d'alliances politiques et militaires en Europe. L'Autriche-Hongrie, avec le soutien de l'Allemagne, déclare la guerre à la Serbie.

- 1911
  Crise d'Agadir au Maroc
  - 30 Mars 1912
    Traité de Fès
- 28 Juin 1914
  Assassinat de François-Ferdinand d'Autriche et de sa femme

Cela déclenche une réaction en chaîne d'alliances et de contre-alliances, impliquant rapidement la plupart des grandes puissances européennes, y compris la France, le Royaume-Uni et la Russie. La Première Guerre mondiale, qui en résulte, est l'une des plus destructrices de l'histoire, avec des conséquences profondes et durables sur le plan politique, social et économique.

François Ferdinand d'Autriche (1863-1914)

L'archiduc et l'héritier présomptif du trône austro-hongrois. Son assassinat à Sarajevo en 1914 a été un déclencheur majeur de la Première Guerre mondiale.

105

Les guerres mondiales et l'entre-deux-guerres

➤ La Première Guerre mondiale

➤ L'entre-deux-guerres

➤ La Seconde Guerre mondiale

La Première Guerre mondiale

1914

Début de la Première Guerre mondiale

La Première Guerre mondiale débute en 1914, suite à l'assassinat de l'archiduc François-Ferdinand et à l'enchaînement des déclarations de guerre entre les principales puissances européennes. La France, en tant qu'alliée de la Russie et de la Grande-Bretagne (Triple Entente) et opposée à l'Allemagne, l'Italie et à l'Autriche-Hongrie (Triple Alliance), entre rapidement dans le conflit.

La guerre se caractérise par des combats de tranchées sur le front occidental, une mobilisation militaire et industrielle massive, ainsi que par des pertes humaines et des destructions sans précédent. Elle marque une rupture avec les guerres traditionnelles, tant par son échelle que par ses méthodes de combat et son impact global.

1916

Bataille de Verdun

La Bataille de Verdun, qui se déroule de Février à Décembre 1916, est l'une des plus longues et des plus meurtrières de la Première Guerre mondiale. Située à Verdun-sur-Meuse en France, cette bataille oppose les armées françaises et allemandes dans une lutte acharnée pour le contrôle de la ville et des forts environnants.

Elle révèle la guerre de tranchées et de l'immense sacrifice humain de la Première Guerre mondiale. Elle se caractérise par son intensité, ses bombardements incessants et ses conditions extrêmement difficiles pour les soldats des deux camps.

- 1914
Assassinat de François-Ferdinand d'Autriche
Début de la Première Guerre Mondiale

Les troupes françaises, sous le commandement du Général Pétain, remportent la bataille. La détermination des forces françaises à ne pas céder Verdun, résumée par le commandement "Ils ne passeront pas", et la résilience des troupes allemandes rendent cette bataille emblématique de l'endurance et de la tragédie de la guerre.

Entrée des États-Unis dans la guerre, mutineries dans l'armée française.

En 1917, les États-Unis entrent dans la Première Guerre mondiale, marquant un tournant dans le conflit. Cette décision est motivée par plusieurs facteurs, dont les attaques de sous-marins allemands contre des navires américains et la découverte du télégramme Zimmermann, dans lequel l'Allemagne propose une alliance militaire au Mexique en cas de guerre avec les États-Unis. L'entrée en guerre des États-Unis apporte un soutien significatif aux Alliés en termes de ressources militaires et économiques.

La même année, l'armée française est ébranlée par une série de mutineries. Ces mutineries sont principalement dues à l'épuisement des troupes, aux conditions de vie déplorables dans les tranchées et au désespoir causé par les offensives meurtrières et peu concluantes. Bien que ces révoltes ne soient pas des tentatives de renversement du gouvernement, elles expriment un profond mécontentement et un désir de meilleures conditions et d'une conduite plus efficace de la guerre. Les mutineries sont finalement maîtrisées, et des efforts sont faits pour améliorer les conditions des soldats et restaurer la discipline.

- 1917
Entrée en guerre des États-Unis aux cotés de la Triple Entente
Mutineries au sein de l'armée française
Révolution russe

1914

Armistice du 11 Novembre

L'armistice du 11 Novembre 1918 marque la fin des hostilités de la Première Guerre mondiale. Il est signé entre les Alliés et l'Allemagne dans un wagon de train à Compiègne, en France. Cet armistice met fin à quatre années de combats intenses et sanglants. La guerre a causé des millions de morts et de blessés et a profondément transformé les sociétés européennes, les frontières politiques et l'ordre mondial.

La fin de la guerre est suivie par la Conférence de paix de Paris en 1919, qui aboutit à la signature du Traité de Versailles. Ce traité impose des réparations de guerre importantes à l'Allemagne, redessine les frontières en Europe et établit la Société des Nations. Cependant, les termes du traité sont controversés et contribuent à l'émergence de tensions et de conflits qui mèneront finalement à la Seconde Guerre mondiale.

Quels sont les deux camps durant la Première Guerre Mondiale ?

	Triple Entente	VS	Triple Alliance
1914	France Grande-Bretagne Russie		Allemagne Autriche-Hongrie Italie
1917	Etats-Unis		

- 11 Novembre 1918
Signature de l'Armistice
Fin de la Première Guerre Mondiale

L'entre-deux-guerres

Signature du Traité de Versailles

1919

Le Traité de Versailles est signé le 28 Juin 1919, mettant officiellement fin à la Première Guerre mondiale entre l'Allemagne et les Alliés, notamment la France, le Royaume-Uni et les États-Unis. Le traité impose des conditions sévères à l'Allemagne, y compris des réparations de guerre importantes, des limitations militaires, et la cession de territoires.

Pour la France, le traité est crucial pour assurer sa sécurité et pour obtenir une compensation pour les énormes pertes et destructions subies pendant la guerre. Cependant, le traité est aussi source de controverse et de ressentiment, en particulier en Allemagne, où il est perçu comme un "Diktat" humiliant. Les conditions du traité contribuent aux tensions politiques et économiques en Europe, qui seront parmi les facteurs menant à la Seconde Guerre mondiale.

Fondation du Parti communiste français

1919

Le Parti communiste français (PCF) est fondé en Décembre 1919, à la suite de la scission au sein de la Section française de l'Internationale ouvrière (SFIO) lors du Congrès de Tours. Cette scission et la création du PCF interviennent dans un contexte de montée des idées socialistes et communistes à travers l'Europe, influencées par la Révolution russe de 1917. Le PCF adopte une ligne politique alignée sur les principes du communisme et se rapproche de l'Internationale communiste (Comintern).

- 28 Juin 1919
  Signature du Traité de Versailles
  Fin officielle de la Première Guerre Mondiale

- Décembre 1919
  Création du Parti communiste français

Le parti jouera un rôle important dans la vie politique française tout au long du XXe siècle, particulièrement actif dans les mouvements ouvriers, les luttes sociales et la Résistance pendant la Seconde Guerre mondiale.

1920 — Création de la Société des Nations, avec la France comme membre fondateur

La Société des Nations est créée en 1920 dans le cadre des traités de paix de l'après-Première Guerre mondiale, avec pour objectif de maintenir la paix et de promouvoir la coopération internationale. La France est l'un des membres fondateurs de cette organisation internationale, qui est une des premières tentatives de créer un forum pour la résolution pacifique des conflits entre les nations.

Bien que la Société des Nations soit marquée par des succès et des échecs, et finalement incapable de prévenir la Seconde Guerre mondiale, elle représente une étape importante dans l'évolution de la gouvernance internationale et préfigure la création des Nations Unies après la Seconde Guerre mondiale.

1926 — Crise économique, intervention de Poincaré pour stabiliser la monnaie

En 1926, la France fait face à une grave crise économique, marquée par une inflation galopante et une dévaluation de la monnaie. Pour faire face à cette situation, Raymond Poincaré, revenu au pouvoir en tant que Premier ministre, met en œuvre une série de mesures drastiques pour stabiliser l'économie française.

- 1920
Création de la Société des Nations
Fin de la Première Guerre Mondiale

- 1926
Crise économique
Inflation et dévaluation de la monnaie
Intervention de Poincaré

Ces mesures comprennent la réduction des dépenses publiques, la stabilisation du franc français, et la recherche de soutien financier international. Les efforts de Poincaré réussissent à redresser la situation économique, à rétablir la confiance dans le franc et à promouvoir la reprise économique. Cette intervention est considérée comme un tournant dans la gestion économique de l'entre-deux-guerres en France.

Front populaire au pouvoir, mise en place des congés payés et de la semaine de 40 heures

1936

En 1936, le Front populaire, une coalition de partis de gauche incluant les socialistes, les communistes et les radicaux, remporte les élections législatives et forme le gouvernement sous la direction de Léon Blum.

Cette période est marquée par des réformes sociales importantes, dont l'introduction des congés payés et la réduction de la semaine de travail à 40 heures. Ces mesures révolutionnent les conditions de travail en France, améliorant significativement la vie des travailleurs et ouvrant la voie à une société de loisirs.

Le Front populaire met également en place d'autres réformes sociales et économiques, mais fait face à de fortes oppositions et à des difficultés économiques, limitant sa durée au pouvoir.

Léon Blum (1872-1950)

Homme politique et écrivain français, membre du Parti socialiste. Il est devenu le premier chef du gouvernement socialiste en France.

- 1936
Le Front Populaire remporte les élections
Léon Blum devient chef du gouvernement du Front Populaire

1938 — Accords de Munich

Les accords de Munich, signés en Septembre 1938 par l'Allemagne, la France, le Royaume-Uni et l'Italie, sont un exemple notoire d'apaisement face à l'expansionnisme nazi. Ces accords permettent à l'Allemagne nazie d'annexer les Sudètes, une région de Tchécoslovaquie peuplée majoritairement d'allemands, dans l'espoir d'éviter une guerre en Europe. La France et le Royaume-Uni, cherchant à prévenir un conflit, acceptent les revendications d'Hitler malgré l'accord de défense qu'ils ont avec la Tchécoslovaquie.

Ces accords sont largement perçus comme un échec de la diplomatie et sont critiqués pour avoir encouragé les ambitions d'Hitler, conduisant finalement à la Seconde Guerre mondiale.

1939 — Pacte germano-soviétique

Le pacte germano-soviétique, également connu sous le nom de pacte Ribbentrop-Molotov, est signé en Août 1939 entre l'Allemagne nazie et l'Union soviétique. Cet accord de non-agression surprend le monde car il unit deux idéologies opposées : le fascisme et le communisme.

Le pacte comprend des protocoles secrets pour le partage des territoires en Europe de l'Est entre les deux pays. La signature de ce pacte élimine un obstacle majeur à l'expansion allemande et facilite l'invasion de la Pologne par l'Allemagne, déclenchant la Seconde Guerre mondiale en Septembre 1939.

La signature du pacte marque la fin de l'entre-deux-guerres et plonge l'Europe dans un nouveau et dévastateur conflit.

- Septembre 1938
  Accords de Munich
  l'Allemagne annexe les Sudètes

- Août 1939
  Pacte germano-soviétique
  Accord de non-agression entre les deux pays
  Fin de l'entre-deux-guerres

La Seconde Guerre mondiale

1940

Invasion et défaite de la France, Régime de Vichy

En Mai 1940, lors de la Seconde Guerre mondiale, l'Allemagne nazie lance une offensive majeure contre la France. En quelques semaines, les forces allemandes contournent la Ligne Maginot et avancent rapidement à travers le pays, entraînant une défaite catastrophique pour la France.

En Juin 1940, le maréchal Philippe Pétain demande l'armistice et signe un accord avec l'Allemagne, marquant l'occupation de la zone nord de la France par les troupes allemandes. Le gouvernement français s'établit à Vichy dans la zone libre et, sous la direction de Pétain, collabore avec l'Allemagne nazie.

Le Régime de Vichy met en place des politiques autoritaires et antisémites, participant activement à la persécution des Juifs et des opposants politiques.

Philippe Pétain (1856-1951)

Militaire français qui a acquis une renommée pendant la Première Guerre mondiale. Cependant, il est devenu controversé en raison de son rôle dans la collaboration avec l'Allemagne nazie pendant la Seconde Guerre mondiale, servant comme chef de l'État français dans la zone non occupée, connue sous le nom de Régime de Vichy. Après la guerre, Pétain a été condamné à la peine de mort, qui a été commuée en réclusion à perpétuité.

La Ligne Maginot

La Ligne Maginot était une ligne fortifiée construite par la France le long de sa frontière avec l'Allemagne pendant l'entre-deux-guerres, dans le but de se protéger contre une invasion allemande. Cependant, lors de la Seconde Guerre mondiale en 1940, les Allemands ont contourné la ligne en passant par la Belgique, rendant ses défenses largement inutiles.

- Septembre 1939
Invasion de la Pologne par l'Allemagne nazie
Début de la Seconde Guerre Mondiale

- Mai 1940
Invasion de la France par l'Allemagne nazie

1940 — Appel du général de Gaulle

Le 18 Juin 1940, quelques jours après l'effondrement militaire de la France face à l'Allemagne nazie pendant la Seconde Guerre mondiale, le général de Gaulle, alors sous-secrétaire d'État à la Guerre et à la Défense nationale, s'exile à Londres. Depuis la capitale britannique, il lance un appel via la BBC, invitant le peuple français à ne pas céder face à l'occupant et à continuer le combat.

Dans cet appel, de Gaulle encourage la résistance française et affirme que la guerre n'est pas perdue, malgré la défaite militaire et l'armistice demandé par le maréchal Pétain. Il appelle à la formation d'un gouvernement français libre et à la poursuite de la lutte contre l'Allemagne nazie, en coopération avec les Alliés. Cet appel est considéré comme le point de départ de la Résistance française et a établi de Gaulle comme l'une des principales figures de la lutte contre l'occupation nazie.

1942 — Rafle du Vélodrome d'Hiver

La rafle du Vélodrome d'Hiver, en Juillet 1942, est l'une des plus tristes manifestations de la collaboration du Régime de Vichy avec l'Allemagne nazie. Sur ordre des autorités allemandes, la police française arrête environ 13 000 Juifs, dont un grand nombre d'enfants, à Paris et ses environs. Ces personnes sont entassées dans des conditions inhumaines dans le Vélodrome d'Hiver, un stade de cyclisme, avant d'être déportées vers des camps de concentration. Cette rafle est un exemple choquant de la participation active de l'administration française à la Shoah.

Charles de Gaulle (1890-1970)

Militaire, homme d'État et écrivain français. Il a été le leader de la France libre pendant la Seconde Guerre mondiale, président du gouvernement provisoire à la Libération, puis le premier président de la Cinquième République française de 1959 à 1969.

- 18 Juin 1940
  Appel du général de Gaulle
  - Juillet 1942
    Rafle du Vélodrome d'Hiver

Débarquement en Normandie

1944

Le 6 Juin 1944, connu sous le nom de Jour J, marque le début de l'opération Overlord, plus connue sous le nom de Débarquement de Normandie. Cette opération militaire d'envergure, menée par les forces alliées, vise à libérer la France et à ouvrir un second front contre l'Allemagne nazie en Europe occidentale.

Le débarquement en Normandie est l'une des plus grandes opérations de l'histoire, impliquant des milliers de soldats, de navires et d'avions. Cette offensive réussie marque un tournant décisif dans la Seconde Guerre mondiale, menant à la libération progressive de la France et ultimement à la capitulation de l'Allemagne en 1945.

Droit de vote accordé aux femmes en France

1944

En 1944, la France franchit une étape importante en matière de droits civiques en accordant aux femmes le droit de vote. Cette avancée est le résultat de longues luttes féministes et d'une prise de conscience accrue du rôle crucial joué par les femmes pendant la Seconde Guerre mondiale, tant dans la Résistance que dans le maintien de l'économie nationale pendant l'absence des hommes.

L'ordonnance du 21 Avril 1944, prise par le gouvernement provisoire dirigé par le Général de Gaulle, établit officiellement le suffrage universel en France en incluant les femmes. Les premières élections auxquelles les femmes participent sont les élections municipales d'Avril 1945, marquant un moment historique dans l'égalité des sexes en France.

- 3 Juin 1944
  Début du gouvernement provisoire avec Charles de Gaulle à sa tête

- 6 Juin 1944
  Débarquement en Normandie
  Début de la libération de la France

- 21 Avril 1944
  Droit de vote des femmes

1945 Capitulation de l'Allemagne

Le 8 Mai 1945 marque la capitulation de l'Allemagne nazie et la fin de la Seconde Guerre mondiale en Europe. Après des années de combats acharnés, de souffrances et de destructions massives, la capitulation allemande signifie la fin du régime nazi et de ses atrocités. Cet événement est célébré comme le jour de la Victoire en Europe (V-E Day).

La fin de la guerre ouvre une période de reconstruction en Europe, ainsi que la mise en place d'un nouvel ordre mondial, avec la création des Nations Unies et le début de la Guerre froide entre les États-Unis et l'Union soviétique. La France, libérée de l'occupation et ayant retrouvé sa souveraineté, entame un processus de reconstruction nationale et joue un rôle actif dans la formation de la nouvelle Europe d'après-guerre.

- 20 Août 1944
Fin du Régime de Vichy
Exil du maréchal Pétain en Allemagne

- 8 Mai 1945
Capitulation de l'Allemagne nazie
Fin de la Seconde Guerre Mondiale

Quels sont les deux camps durant la Seconde Guerre Mondiale ?

Les Alliés VS L'Axe

Signataires du traité tripartite

1939 — Les Alliés :
- France libre
- Royaume-Uni
- Pologne → Envahie par l'Allemagne en 1939 mais le gouvernement s'exila à Angers puis Londres pour poursuivre la guerre

1939 — L'Axe :
- Allemagne
- Italie
- Japon

1940 — Les Alliés :
- Belgique
- Luxembourg
- Norvège → Envahis par l'Allemagne en 1940 mais le gouvernement s'exila à Londres pour poursuivre la guerre
- Pays-Bas →

1940 — L'Axe :
- Slovaquie
- Hongrie
- Roumanie

1941 — L'Axe :
- Bulgarie
- Croatie

1941 — Les Alliés :
- Etats-Unis
- URSS
- Grèce → Gouvernement en exil car pays envahi par l'Italie
- Mongolie
- Népal
- Yougoslavie → Guerre de résistance car pays envahi par l'Italie

Non-signataires du traité mais Cobéligérants

- URRS → pacte de non-agression
- Finlande
- Thaïlande
- Irak
- Espagne

1942 — Les Alliés :
- Brésil
- Mexique
- Tchécoslovaquie → Envahie avant le début de la guerre mais le gouvernement s'exila à Londres pour poursuivre la guerre à partir de 1942

Pays annexés

- Chine → Envahie par le Japon avant la guerre
- Autriche → Annexée par l'Allemagne en 1938
- Albanie → Annexée par l'Italie en 1939

1943 — Les Alliés :
- Italie → Reddition face aux Alliés en Septembre 1943
- Colombie

1945 — Les Alliés :
- Turquie
- Vénézuela
- Uruguay
- Argentine
- Chili

L'après-guerre et le XXe siècle

➤ La reconstruction et la IVe République

➤ La Ve République et de Gaulle

➤ Les années 1980 et 1990

La reconstruction et la IVe République

1945

Création de la Sécurité sociale en France

La création de la Sécurité sociale en France en 1945 représente une étape majeure dans l'établissement de l'État-providence français. Cette initiative, mise en œuvre sous le gouvernement provisoire de Charles de Gaulle après la Seconde Guerre mondiale, a pour objectif de garantir les droits sociaux de tous les citoyens, notamment en matière de santé, de retraite et de famille.

Inspirée par les principes du Conseil National de la Résistance, la Sécurité sociale marque une rupture avec les politiques antérieures et vise à offrir une protection universelle contre les risques de la vie, indépendamment de la classe sociale ou de l'emploi.

1946

Adoption de la Constitution de la IVe République

La Constitution de la IVe République est adoptée en France en Octobre 1946, succédant à la période de gouvernement provisoire qui a suivi la libération du pays. Cette nouvelle constitution cherche à établir un régime démocratique stable et à éviter les erreurs de la IIIe République. Elle instaure un système parlementaire avec un président de la République relativement faible et un Parlement puissant.

Cependant, la IVe République est marquée par une instabilité politique chronique, avec de fréquents changements de gouvernements et des difficultés à former des majorités stables, ce qui entrave son efficacité et sa capacité à répondre aux défis majeurs, notamment la décolonisation et les crises économiques.

- 1945
Création de la Sécurité Sociale

- 27 Octobre 1946
Adoption de la Constitution de la IVe République
Fin officielle du gouvernement provisoire

Début de la Guerre d'Algérie

La guerre d'Algérie, qui se déroule de 1954 à 1962, est un conflit majeur entre la France et le mouvement indépendantiste algérien, le Front de libération nationale (FLN). Cette guerre est une des plus longues et des plus sanglantes des conflits de décolonisation après la Seconde Guerre mondiale. Elle est caractérisée par une guérilla, des actes de terrorisme et une répression violente.

La guerre d'Algérie a des conséquences profondes tant pour l'Algérie que pour la France, affectant les sociétés, les politiques et les relations entre les deux pays.

Crise de la IVe République et fondation de la Ve République

En 1958, la France est confrontée à une grave crise institutionnelle et politique, exacerbée par la guerre d'Algérie. La IVe République, affaiblie par des gouvernements instables et incapable de gérer efficacement la crise algérienne, s'effondre. Charles de Gaulle, considéré comme un sauveur potentiel, est appelé au pouvoir et chargé de former un nouveau gouvernement. Il établit la Ve République, avec une nouvelle constitution qui renforce considérablement les pouvoirs du président de la République.

La Ve République, caractérisée par une stabilité politique accrue et un exécutif fort, marque un tournant dans l'histoire constitutionnelle de la France et continue de définir le système politique français.

- 1954
  Début de la Guerre d'Algérie
- 28 Septembre 1958
  Adoption d'une nouvelle Constitution

La Ve République et de Gaulle

1959 — Charles de Gaulle devient Président de la République

Charles de Gaulle, figure emblématique de la Résistance française durant la Seconde Guerre mondiale et artisan principal de la fondation de la Ve République, devient le premier Président de la République sous ce nouveau régime en Janvier 1959. Son accession à la présidence suit son rôle déterminant dans la résolution de la crise de la IVe République et la mise en place d'une nouvelle constitution. En tant que président, de Gaulle œuvre pour renforcer l'autorité de l'État, moderniser l'économie et affirmer le rôle de la France sur la scène internationale, notamment à travers le développement d'une force de dissuasion nucléaire indépendante.

1962 — Élection du président au suffrage universel direct

En 1962, une réforme constitutionnelle majeure est introduite sous la présidence de Charles de Gaulle, permettant l'élection du président de la République au suffrage universel direct. Auparavant, le président était élu par un collège électoral. Cette réforme, approuvée par référendum, renforce la légitimité démocratique du président et modifie profondément le paysage politique français.

L'élection du président au suffrage universel direct devient l'un des aspects les plus caractéristiques de la Ve République, conférant au chef de l'État un mandat direct du peuple.

Référendum
Processus par lequel les citoyens d'un pays votent directement pour exprimer leur position sur une question spécifique.

- **4 Octobre 1958** — Début officiel de la Ve République
  - **8 Janvier 1959** — Charles de Gaulle devient président de la République
- **28 Octobre 1962** — Référendum de de Gaulle Adoption du suffrage universel direct pour l'élection présidentielle

Accords d'Évian, fin de la guerre d'Algérie

Les accords d'Évian, signés le 18 Mars 1962 entre le gouvernement français et le Front de libération nationale (FLN) algérien, mettent officiellement fin à la guerre d'Algérie. Ces accords prévoient un cessez-le-feu, la reconnaissance de la souveraineté algérienne, et l'organisation d'un référendum d'autodétermination en Algérie. Le référendum, tenu en Juillet 1962, aboutit à une écrasante majorité en faveur de l'indépendance.

L'Algérie proclame son indépendance le 5 Juillet 1962. La fin de la guerre d'Algérie marque un tournant majeur dans l'histoire française et algérienne, mettant fin à plus d'un siècle de colonisation française en Algérie et à une guerre longue et sanglante.

Mouvements sociaux de mai, réformes sociétales importantes

Les événements de Mai 1968 en France représentent un moment crucial dans l'histoire contemporaine du pays. Ce mouvement social, qui débute par des grèves étudiantes suivies de manifestations massives, s'étend rapidement pour inclure des millions de travailleurs en grève à travers le pays.

Les protestations, largement influencées par des idées de gauche et de contestation de l'ordre établi, critiquent le capitalisme, le consumérisme, l'autoritarisme et les structures traditionnelles de pouvoir.

- 18 Mars 1962
  Accords d'Évian
- Juillet 1962
  Référendum et majorité en faveur de l'indépendance
  - 5 Juillet 1962
    L'Algérie déclare son indépendance

Bien que ces manifestations ne conduisent pas à un changement de gouvernement, elles ont un impact profond sur la société française, entraînant des réformes en matière de droits civiques, d'éducation et de conditions de travail, et contribuant à l'évolution des attitudes sociales, notamment en ce qui concerne la liberté d'expression, l'égalité des sexes et l'autonomie des jeunes.

1969 Démission de de Gaulle

En 1969, Charles de Gaulle, alors président, démissionne de son poste à la suite de l'échec d'un référendum qu'il avait initié. Le référendum, tenu en Avril 1969, porte sur la réforme du Sénat et la régionalisation. De Gaulle, qui avait lié la poursuite de son mandat à l'approbation de ces réformes, choisit de démissionner après que le référendum ait été rejeté par une majorité de votants.

La démission de de Gaulle marque la fin d'une ère importante dans l'histoire politique française, et ouvre la voie à l'élection de Georges Pompidou en tant que son successeur. Elle est également révélatrice des changements politiques et sociaux en France, dans un contexte de modernisation et de transformation sociétale.

- Mai 68
Début de mouvements sociaux importants, manifestations massives en France
- Avril 1969
Référendum raté de de Gaulle et démission
- Juin 1969
George Pompidou élu président de la République

Les années 1980 et 1990

Élection de François Mitterrand

En 1981, François Mitterrand est élu président de la République française, devenant le premier président socialiste de la Ve République. Son élection marque un tournant politique significatif après plusieurs décennies de gouvernements principalement conservateurs ou centristes.

Mitterrand met en œuvre un programme de réformes sociales et économiques, incluant la nationalisation de certaines industries clés, l'augmentation des dépenses sociales, l'extension des droits des travailleurs et la réduction du temps de travail. Sa présidence est également marquée par une politique de décentralisation et par un engagement fort en faveur de l'intégration européenne.

Les années Mitterrand sont une période de changements sociaux et culturels importants en France, ainsi que d'adaptations face aux défis économiques mondiaux.

Co-fondation de l'espace Schengen

En 1986, la France, avec quatre autres pays européens (l'Allemagne, la Belgique, le Luxembourg et les Pays-Bas), signe l'Accord de Schengen. Cet accord est un pas majeur vers l'intégration européenne et la libre circulation des personnes. Il prévoit la suppression progressive des contrôles aux frontières communes et la mise en place d'une politique commune en matière de visas, d'asile et de contrôles aux frontières extérieures.

L'espace Schengen symbolise l'engagement envers un projet européen plus uni et ouvert, et joue un rôle clé dans la facilitation des échanges et des déplacements des citoyens au sein de l'Europe.

- 2 Avril 1974
  Mort de Pompidou
- 27 Mai 1974
  Valéry Giscard d'Estaing élu président
- 21 Mai 1981
  François Mitterrand élu président
- 1986
  Co-fondation de l'espace Schengen

1992 — Signature du Traité de Maastricht, création de l'Union européenne

Le Traité de Maastricht, signé en 1992, est un moment décisif dans l'histoire de l'intégration européenne, menant à la création de l'Union européenne (UE). Le traité établit des critères pour l'union économique et monétaire, aboutissant à la création de l'euro, et renforce la coopération dans les domaines de la politique étrangère, de la sécurité, de la justice et des affaires intérieures. Il introduit également le concept de citoyenneté européenne, donnant aux citoyens des États membres le droit de circuler et de résider librement au sein de l'UE.

La signature du Traité de Maastricht marque une étape importante vers une Europe plus intégrée et fédérale, reflétant l'aspiration à une plus grande unité politique et économique au-delà des frontières nationales.

1992 — Inauguration d'Euro Disney près de Paris

En 1992, Euro Disney, aujourd'hui connu sous le nom de Disneyland Paris, est inauguré à Marne-la-Vallée, près de Paris. Ce parc à thème est le premier parc Disney en Europe, marquant une expansion significative de la Walt Disney Company sur le marché européen. Son ouverture représente un événement majeur dans le secteur du tourisme et du divertissement en France, attirant des millions de visiteurs de toute l'Europe.

Malgré des débuts financiers difficiles et des controverses culturelles autour de l'implantation d'un symbole de la culture américaine en France, Disneyland Paris devient l'une des destinations touristiques les plus populaires en Europe.

- 1992
  Traité de Maastricht
  Création de l'Union Européenne
  Inauguration de l'Euro Disney à Marne-la-Vallée

- 17 Mai 1995
  Jacques Chirac élu président de la République

Grèves contre les réformes de la Sécurité sociale

En Décembre 1995, la France est paralysée par une série de grèves et de manifestations massives en réponse à un plan de réforme de la sécurité sociale proposé par le Premier ministre Alain Juppé. Les réformes visent à réduire les déficits de l'État en réformant les régimes de retraite et de santé. Cependant, ces propositions rencontrent une forte opposition, notamment de la part des employés du secteur public, des syndicats et d'une large partie de la population, qui y voient une menace pour le modèle social français. Ces grèves, parmi les plus importantes depuis Mai 68, entraînent un recul du gouvernement sur certaines de ces réformes et démontrent la force du mouvement syndical et de l'attachement des Français à leur système de protection sociale.

Adoption de l'euro comme monnaie officielle

En 2000, la France, avec d'autres pays membres de l'Union européenne, adopte l'euro comme monnaie officielle, remplaçant le franc français. Cette transition marque une étape cruciale dans le processus d'intégration économique et monétaire européenne.

L'introduction de l'euro vise à faciliter les échanges commerciaux et les déplacements au sein de l'Union, à renforcer l'économie européenne et à promouvoir une identité européenne commune.

Bien que la transition vers l'euro ait suscité des débats et des inquiétudes, notamment concernant la perte de souveraineté monétaire nationale, elle représente un engagement significatif envers un projet européen plus uni.

- Décembre 1995
Grèves contre la réforme de la Sécurité Sociale

- 2000
Adoption de l'Euro comme nouvelle monnaie

Le XXIe siècle

➤ Les défis contemporains

➤ La France dans la mondialisation

➤ Perspectives pour l'avenir

Les défis contemporains

2001 — Le 11 septembre et la place de la France dans la lutte contre le terrorisme international

En 2001, suite aux attaques terroristes du 11 Septembre aux États-Unis, la France se positionne en première ligne dans la réponse internationale et la lutte contre le terrorisme. Le gouvernement français, alors dirigé par le président Jacques Chirac, exprime sa solidarité avec les États-Unis et s'engage activement dans des initiatives internationales pour combattre le terrorisme.

Cette période est marquée par un renforcement de la coopération en matière de sécurité et de renseignement entre les pays occidentaux, ainsi que par un soutien à des opérations militaires internationales, notamment en Afghanistan. Cependant, la France se montre critique vis-à-vis de certains aspects de la "guerre contre le terrorisme", notamment l'intervention en Irak en 2003.

2005 — Référendum sur la Constitution européenne

En 2005, un référendum est organisé en France pour approuver le traité établissant une Constitution pour l'Europe. Ce traité vise à remplacer les traités existants de l'Union européenne par un texte unique, afin de simplifier le fonctionnement de l'UE et de renforcer son intégration politique. Cependant, les Français rejettent le traité par 54,68 % des voix. Ce résultat est interprété comme une expression de mécontentement envers la direction prise par l'Union européenne, notamment en ce qui concerne les questions de souveraineté, de politique économique et d'élargissement de l'UE.

- 11 Septembre 2001
  Attentat aux Étas-Unis
  Prise de position de la France dans la lutte contre le terrorisme

- 2005
  Référendum et rejet de la Constitution européenne

Le rejet de la Constitution européenne par la France, suivi par un rejet similaire aux Pays-Bas, conduit à une période de réflexion et de révision dans le processus d'intégration européenne.

Élection de Nicolas Sarkozy

Nicolas Sarkozy est élu président de la République française en 2007, succédant à Jacques Chirac. Son mandat est marqué par une volonté de réforme économique et sociale, visant à moderniser l'économie française et à répondre aux défis de la mondialisation.

Parmi ses initiatives, on compte la réforme des régimes de retraite, la réduction des charges fiscales, la libéralisation de certaines réglementations du travail, et l'accentuation de la politique d'immigration et de sécurité.

Le style de présidence de Sarkozy, souvent qualifié d'hyperactif, ainsi que certaines de ses réformes, suscitent des débats et des controverses. Son mandat coïncide également avec la crise économique mondiale de 2008, qui pose des défis supplémentaires à l'économie et à la société françaises.

Élection de François Hollande

François Hollande est élu président de la République française en 2012, marquant un retour au pouvoir du Parti socialiste après le mandat de Nicolas Sarkozy. Son élection représente un changement politique notable, Hollande ayant mené sa campagne sur des promesses de justice sociale, de réforme fiscale pour une plus grande équité, et de renégociation du pacte budgétaire européen.

- 16 Mai 2007
Nicolas Sarkozy élu président de la République

- 2008
Crise économique mondiale

- 15 Mai 2012
François Hollande élu président de la République

Durant son mandat, il met en œuvre des réformes telles que la taxation à 75 % des revenus les plus élevés (qui sera cependant annulée plus tard), la création de 60 000 postes dans l'éducation, et des initiatives pour stimuler la croissance économique. Son mandat est également marqué par des défis économiques, notamment un taux de chômage élevé, et par des interventions militaires à l'étranger, notamment au Mali.

2013 Mariage pour tous, légalisation du mariage homosexuel en France

En 2013, sous la présidence de François Hollande, la France adopte la loi ouvrant le mariage aux couples de même sexe, souvent appelée "loi du Mariage pour tous". Cette loi représente une avancée majeure pour les droits LGBTQ+ en France, malgré une opposition significative et des manifestations de la part de certains secteurs de la société.

La légalisation du mariage homosexuel en France est le résultat de longues années de lutte pour l'égalité des droits et marque un changement significatif dans la reconnaissance sociale et légale des couples homosexuels. La loi permet également aux couples de même sexe d'adopter des enfants.

2015 Attaques terroristes à Charlie Hebdo et au Bataclan à Paris

En 2015, la France est frappée par deux attaques terroristes majeures à Paris. En Janvier, des terroristes islamistes attaquent les bureaux du magazine satirique Charlie Hebdo, tuant 12 personnes.

- 2013
Loi du Mariage pour tous

Cette attaque, ciblant la liberté d'expression et déclenchant une vague de solidarité internationale sous le slogan "Je suis Charlie", est suivie, quelques jours plus tard, par une prise d'otages dans un supermarché casher, faisant quatre victimes.

En Novembre 2015, Paris est de nouveau la cible d'attaques terroristes coordonnées, y compris une fusillade au Bataclan, un théâtre, et plusieurs explosions et fusillades dans d'autres lieux de la ville, notamment aux alentours du Stade de France. Ces attaques font 130 morts et des centaines de blessés, constituant les attentats les plus meurtriers en France depuis la Seconde Guerre mondiale.

Ces événements tragiques ont un impact profond sur la société française, entraînant un renforcement des mesures de sécurité et un débat national sur les questions de terrorisme, de radicalisation et de coexistence communautaire.

- Janvier 2015
Attaques terroristes à Charlie Hebdo et dans un supermarché casher

- Novembre 2015
Attaques terroristes au Bataclan et dans d'autres lieux de Paris

La France dans la **mondialisation**

Élection d'Emmanuel Macron

En 2017, Emmanuel Macron est élu président de la République française, devenant à 39 ans le plus jeune président de l'histoire de la Ve République. Sa victoire est notable pour plusieurs raisons : d'abord, il gagne en tant que candidat d'un mouvement politique, En Marche !, qu'il a créé seulement un an auparavant, défiant ainsi les partis traditionnels français. Sa campagne met l'accent sur une approche centriste, pro-européenne et économiquement libérale. Macron s'engage à réformer le marché du travail français, à renforcer la position de la France dans l'Union européenne, et à moderniser les institutions politiques françaises.

Son élection est perçue comme une réponse à la montée du populisme et du nationalisme en Europe et dans le monde.

Mouvement des Gilets jaunes

Le mouvement des Gilets jaunes débute fin 2018 en réaction à une hausse des taxes sur les carburants et à des préoccupations plus larges concernant le coût de la vie, les inégalités sociales et fiscales, et la perception d'une élite déconnectée. Ce mouvement, nommé d'après les gilets jaunes de sécurité que les manifestants portent, prend rapidement une ampleur nationale avec des manifestations chaque week-end dans de nombreuses villes de France. Les revendications des Gilets jaunes s'étendent pour inclure une meilleure représentation démocratique et la justice sociale. Le mouvement conduit le gouvernement à annuler l'augmentation des taxes et à introduire des mesures pour améliorer le pouvoir d'achat, bien que les tensions et le mécontentement persistent.

- 14 Mai 2017
Emmanuel Macron élu président de la République

- 2018_2019
Mouvement sociaux des Gilets jaunes

Incendie de Notre-Dame de Paris

Le 15 Avril 2019, un incendie dévastateur endommage gravement la cathédrale Notre-Dame de Paris, l'un des monuments les plus emblématiques et historiques de France. Le feu détruit la flèche de la cathédrale et une partie de sa toiture, provoquant une onde de choc et une émotion considérable en France et dans le monde entier.

L'incendie suscite un élan de solidarité international, avec des promesses de dons pour la reconstruction de la cathédrale. Notre-Dame de Paris, qui a plus de 800 ans d'histoire et est un joyau de l'architecture gothique, représente non seulement un site religieux majeur mais aussi un symbole culturel et historique de la France. Les efforts de reconstruction visent à restaurer fidèlement la cathédrale à son état d'avant l'incendie.

Pandémie de COVID-19

La pandémie de COVID-19 a un impact profond et sans précédent sur la France en 2020, comme sur le reste du monde. La France fait face à de graves défis sanitaires, économiques et sociaux en raison de la propagation rapide du virus. Le gouvernement met en place plusieurs mesures pour limiter la propagation de la maladie, y compris des confinements, des fermetures d'écoles et de commerces, et des restrictions de déplacement. La crise sanitaire exerce une pression considérable sur le système de santé français et entraîne une récession économique majeure.

La pandémie déclenche également un débat sur des sujets tels que la mondialisation, les politiques de santé publique, la résilience des systèmes économiques et sociaux, et la solidarité au sein de l'Union européenne.

- 15 Avril 2019
  Incendie de Notre-Dame de Paris
- 2020
  Pandémie de Covid-19

2021

Présidence française de l'Union européenne

En 2021, la France assume la présidence tournante du Conseil de l'Union européenne. Cette période est l'occasion pour la France de promouvoir ses priorités au sein de l'UE et de contribuer à façonner l'agenda européen. Les objectifs de la présidence française peuvent inclure le renforcement de l'intégration européenne, la réponse aux défis économiques et écologiques, la promotion de la sécurité et de la défense communes, et la gestion des questions liées à la migration et aux relations extérieures de l'UE. La présidence française intervient dans un contexte de défis mondiaux, tels que la pandémie de COVID-19 et ses répercussions, nécessitant une coopération et une solidarité européennes accrues.

2022

Réélection d'Emmanuel Macron

Le 24 Avril 2022, Emmanuel Macron est réélu président de la République française, consolidant ainsi son mandat pour un second terme. Sa victoire a été marquée par des enjeux tels que la gestion de la crise sanitaire liée à la pandémie de COVID-19, les réformes économiques et sociales, ainsi que la dynamique européenne. Macron est confronté à des défis complexes, dont la relance économique post-pandémie, la préservation de la cohésion sociale face à des tensions politiques internes, et le positionnement de la France dans un contexte international complexe. Son deuxième mandat est également caractérisé par la nécessité de naviguer dans un paysage politique en mutation et de répondre aux préoccupations croissantes liées au changement climatique, à la sécurité nationale et à la place de la France dans la construction européenne.

- 2021
La France prend la présidence du Conseil de l'UE

- 24 Avril 2022
Emmanuel Macron réélu président de la République

Perspectives pour l'avenir

2023 et au-delà :
Enjeux environnementaux et transition énergétique, défis technologiques et numériques, et adaptation à un monde en mutation rapide

À partir de 2023 et dans les années suivantes, la France, comme de nombreux pays dans le monde, est confrontée à plusieurs défis majeurs qui nécessitent une action et des adaptations importantes.

1. Enjeux environnementaux et transition énergétique

- Lutte contre le changement climatique : La France s'engage activement dans la lutte contre le changement climatique. Cela implique la réduction des émissions de gaz à effet de serre, le développement de sources d'énergie renouvelables, et l'amélioration de l'efficacité énergétique.

- Transition vers une économie verte : La transition vers une économie plus écologique est cruciale. Cela inclut le soutien aux industries durables, l'investissement dans les technologies vertes, et la promotion de pratiques de consommation durables.

- Biodiversité et conservation : La préservation de la biodiversité et des écosystèmes naturels est une autre préoccupation majeure, nécessitant des mesures de conservation et de restauration.

2. Défis technologiques et numériques

- Innovation technologique : La France continue de promouvoir l'innovation dans des domaines clés tels que l'intelligence artificielle, la robotique, et la biotechnologie. Cela implique des investissements dans la recherche et le développement et le soutien à l'entrepreneuriat technologique.

- Transition numérique : La digitalisation de l'économie et de la société est essentielle. Cela inclut l'amélioration de l'accès aux technologies numériques, le développement des compétences numériques, et la protection de la vie privée et des données.

- Cybersécurité : Avec l'augmentation de la dépendance aux technologies numériques, la cybersécurité devient une priorité pour protéger les infrastructures critiques et les informations sensibles.

3. Adaptation à un monde en mutation rapide

- Globalisation et compétitivité : La France doit continuer à s'adapter à un environnement mondialisé, en maintenant sa compétitivité économique tout en défendant ses intérêts et valeurs.

- Questions démographiques : Les enjeux démographiques, tels que le vieillissement de la population et l'intégration des migrants, nécessitent des politiques adaptées en matière de santé, d'éducation, et de cohésion sociale.

- <u>Cohésion sociale et égalité</u> : La promotion de la cohésion sociale et de l'égalité est essentielle pour prévenir les fractures sociales et pour garantir que les bénéfices du progrès et du changement profitent à tous.

Dans ce contexte, la capacité de la France à innover, à s'adapter et à travailler en collaboration à l'échelle internationale sera cruciale pour relever ces défis et pour saisir les opportunités du XXIe siècle.

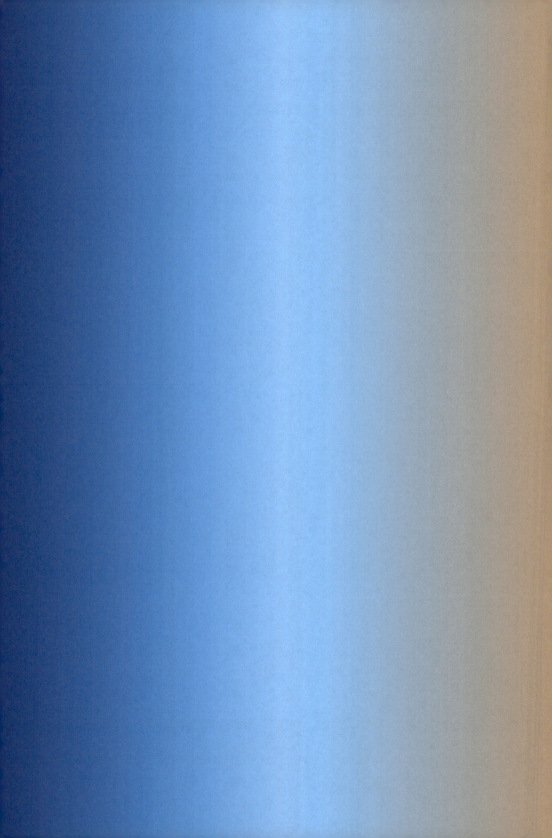

Chronologie

Les Mérovingiens

Les Mérovingiens sont la dynastie franque qui régna sur une très grande partie de la France et de la Belgique actuelles, ainsi que sur une partie de l'Allemagne et de la Suisse, du Ve siècle jusqu'au milieu du VIIIe siècle.

Clovis I (c. 466-511)

Premier roi des Francs à unifier les tribus franques sous son règne. Sa conversion au christianisme et sa victoire à la bataille de Tolbiac ont marqué le début de l'influence chrétienne chez les Francs et ont jeté les bases de la dynastie mérovingienne en France. A sa mort, selon la tradition franque, son royaume, qu'il avait mis une vie à conquérir et unifier, est divisé entre ses fils :
- Thierry Ier devient roi de l'Est,
- Clodomir devient roi d'Orléans,
- Childebert Ier devient roi de Paris,
- Clotaire Ier devient roi de Soissons.

C'est finalement Clotaire Ier qui parviendra à réunir de nouveau les différents royaumes pour n'en faire qu'un, comme à l'époque de son père.

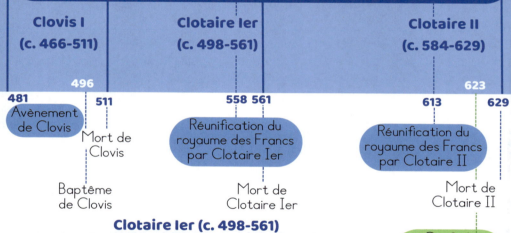

Clotaire Ier (c. 498-561)

Roi mérovingien, fils de Clovis, il a régné sur une partie de la Gaule à partir de 511. Il est connu pour avoir unifié une grande partie du royaume franc à sa mort, consolidant ainsi l'influence des Mérovingiens.

A sa mort, comme pour son père, son royaume est divisé entre ses fils :
- Caribert Ier devient roi de Paris,
- Gontran devient roi de Chalon,
- Sigebert Ier devient roi de Metz,
- Chilpéric Ier devient roi de Soissons.

C'est son petit-fils Clotaire II, fils de Chilpéric Ier, qui deviendra à son tour roi des Francs en unifiant de nouveau le royaume.

Clotaire II (584-629)

Roi mérovingien qui est devenu roi des Francs de 613 à 629. Il est connu pour avoir consolidé son pouvoir après la mort de son père, Chilpéric Ier, et pour avoir joué un rôle important dans la consolidation du royaume mérovingien.

A sa mort, son fils, Caribert II devient roi d'Aquitaine. Son autre fils, Dagobert Ier devenu roi d'Austrasie à partir de 623 sous pression des nobles austrasiens, devient quand à lui roi des Francs.

Dagobert Ier (c. 602-639)

Roi des Francs mérovingien qui a régné de 629 à 639. Il est surtout reconnu pour avoir favorisé la centralisation du pouvoir royal et pour son rôle dans la promotion des arts et de la culture, en particulier à la cour de Paris. Il doit céder l'Austrasie à son fils Sigebert III en 634, alors qu'il n'a que deux ans. A sa mort, son autre fils, Clovis II, devient roi des Francs de Neustrie et de Burgondie.

Ce sont deux de ses petits-fils, Childéric II puis Thierry III (fils de Clovis II) qui prendront de nouveau tous les royaumes Francs.

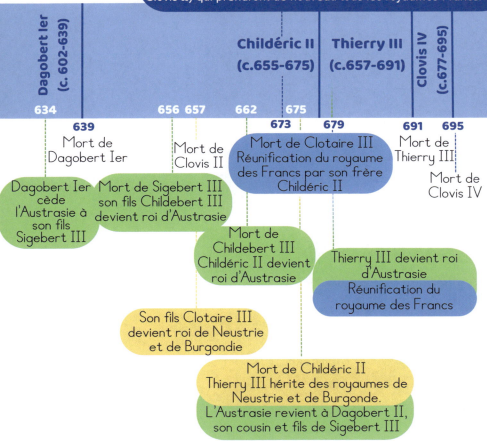

Charles Martel (688-741)

Homme politique et militaire franc du VIIIe siècle. Il est surtout célèbre pour sa victoire décisive à la bataille de Poitiers en 732, stoppant l'avancée des forces musulmanes en Europe occidentale.

À la mort du roi Thierry IV en 737, Charles Martel, fort de son très grand pouvoir, décida de ne pas lui choisir de successeur, le rôle des monarques mérovingiens étant devenu totalement insignifiant. Il prit donc réellement le pouvoir du Royaume franc, et régna donc ainsi en toute illégalité jusqu'à sa mort.

C'est le père de Pépin le Bref.

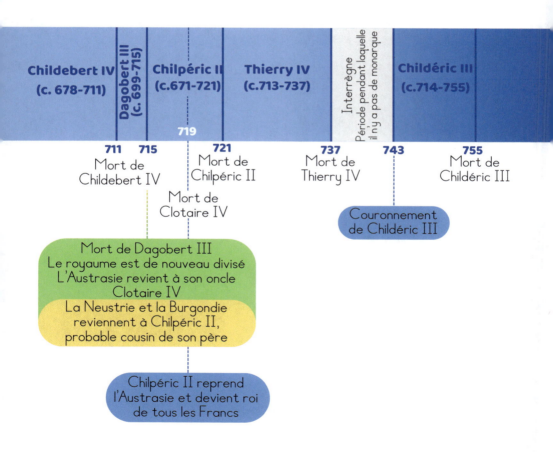

Les Carolingiens

Les Carolingiens forment une dynastie de rois francs qui règnent sur l'Europe occidentale de 751 jusqu'au Xe siècle. Ils sont les descendants de la famille des pépinides qui furent maires du palais sous les rois mérovingiens, avant d'accéder eux-mêmes au pouvoir.

Pépin le Bref (714-768)

Roi des Francs de 751 à 768 et le premier monarque carolingien. Il est connu pour avoir consolidé la dynastie carolingienne en mettant fin à la lignée mérovingienne par un changement dynastique, consolidant ainsi les bases du futur empire carolingien.

Il est le père de Charlemagne et de Carloman Ier. Avant sa mort, il divisa son royaume en deux pour l'arrivée au pouvoir de ses fils.

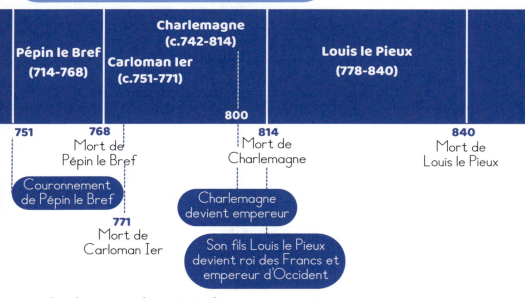

Charlemagne (c.742-814)

Egalement connu sous le nom de Charles Ier, roi des Francs de 768 à 814 et le premier empereur du Saint-Empire romain germanique. Il est célèbre pour son rôle dans l'unification de l'Europe occidentale sous un empire chrétien et pour ses contributions à la Renaissance carolingienne.

Louis le Pieux (778-840)

Egalement appelé Louis Ier, était le fils de Charlemagne, d'abord roi d'Aquitaine à partir de 781, il devient roi des Francs et empereur du Saint-Empire romain germanique de 814 à 840. Son règne est marqué par des luttes de succession, mais il a contribué à la consolidation de l'empire carolingien tout en favorisant la culture et l'éducation. (...)

(...) Les querelles de succession de Louis le Pieux, connues sous le nom de "divisions de l'Empire", ont éclaté entre ses trois fils, Lothaire Ier, Louis le Germanique, et Charles le Chauve.

Ces luttes ont abouti au traité de Verdun en 843, qui a divisé l'Empire carolingien en trois parties : la Francie occidentale pour Charles, la Francie orientale pour Louis le Germanique, et la Francie médiane pour Lothaire.

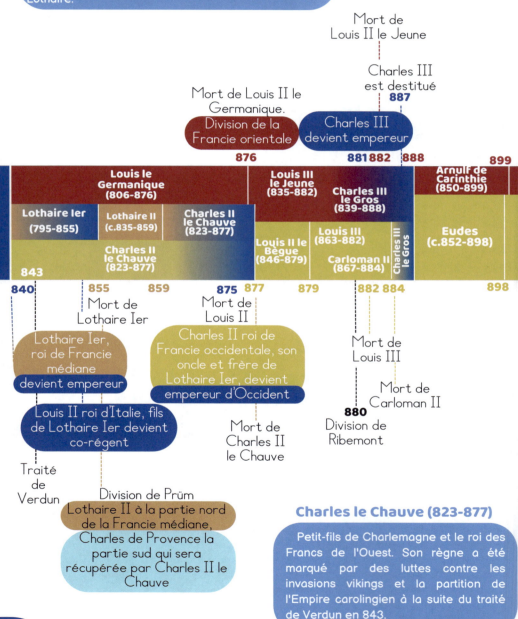

Charles le Chauve (823-877)

Petit-fils de Charlemagne et le roi des Francs de l'Ouest. Son règne a été marqué par des luttes contre les invasions vikings et la partition de l'Empire carolingien à la suite du traité de Verdun en 843.

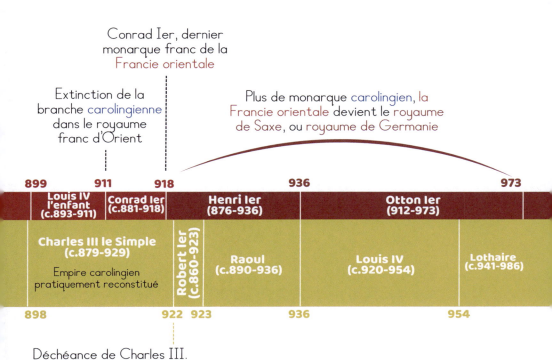

Charles le Simple (879-929)

Roi de Francie occidentale et le dernier monarque carolingien à régner en France. Son règne a été marqué par des défis tels que les invasions vikings et la montée en puissance des seigneurs féodaux, aboutissant à des conséquences significatives pour la structure politique de la France médiévale.

Les Capétiens

La dynastie des Capétiens est issue du roi Hugues Ier Capet, auquel elle doit son nom. Celui-ci met en place l'hérédité dynastique, et est devenu la souche commune des trois dynasties de souverains - Capétiens, Valois, Bourbons - qui se sont succédés sur le trône de France jusqu'en 1848.

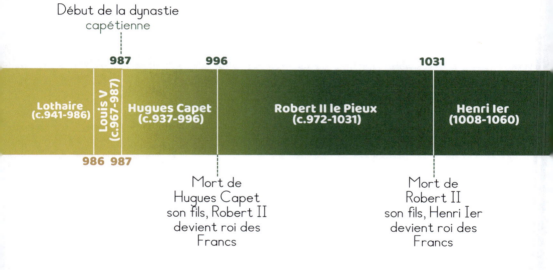

Hugues Capet (938-996)

Fondateur de la dynastie capétienne en France. Élu roi en 987, il a marqué le début d'une lignée qui allait régner sur le royaume pendant plus de 800 ans.

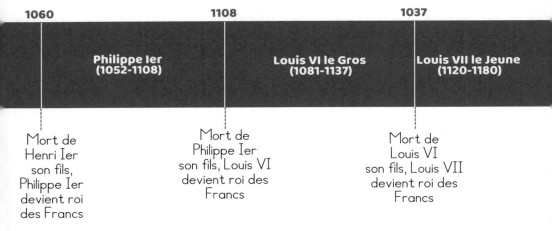

Philippe Auguste (1165-1223)

Il est le premier monarque a qui est attribué le titre de Roi de France de 1180 à 1223. Il a renforcé le pouvoir royal en menant des campagnes militaires, en consolidant le domaine royal, et en jouant un rôle crucial lors de la troisième croisade.

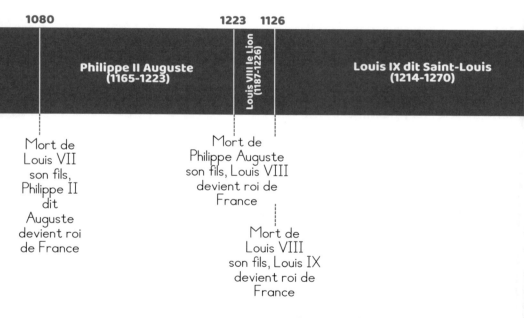

1080

1223 **1126**

Philippe II Auguste (1165-1223)

Louis VIII le Lion (1187-1226)

Louis IX dit Saint-Louis (1214-1270)

Mort de Louis VII son fils, Philippe II dit Auguste devient roi de France

Mort de Philippe Auguste son fils, Louis VIII devient roi de France

Mort de Louis VIII son fils, Louis IX devient roi de France

Louis IX - Saint Louis (1214-1270)

Connu sous le nom de Saint Louis, roi de France de 1226 à 1270. Connu pour sa piété, son sens de la justice et son engagement envers la chrétienté, il a été canonisé comme saint par l'Église catholique.

Louis X (1289-1316)

Roi de France de 1314 à 1316. Son règne a été bref, et son héritier Jean Ier, ne vivra que 5 jours. C'est son frère, Philippe V qui reprend le trône. Cela marque la fin du "miracle capétien", car depuis Hugues Capet, le trône était transmis de père en fils sans discontinuité.

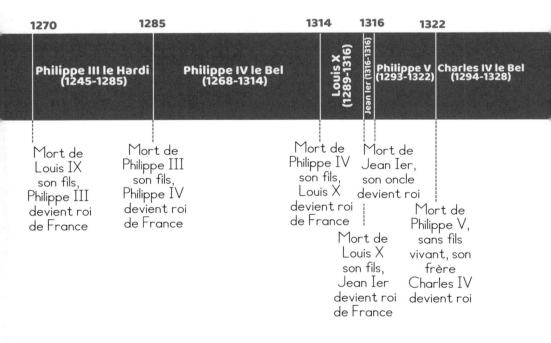

Les Valois, branche cadette des Capétiens

La maison de Valois est la branche cadette de la dynastie capétienne qui règne sur le royaume de France de 1328 à 1589. Elle succède aux Capétiens directs et précède les Bourbons.

Elle tire son nom du comté de Valois, apanage donné à Charles, fils de Philippe III le Hardi et père du roi Philippe VI.

Philippe VI de Valois (1293-1350)

Roi de France de 1328 à 1350. Il a été le premier roi de la dynastie Valois, montant sur le trône à la suite de la crise de succession à la mort de Charles IV, dernier roi de la lignée capétienne directe.

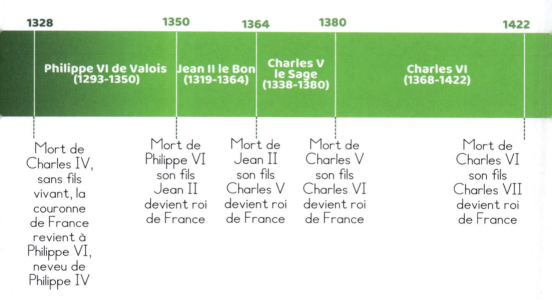

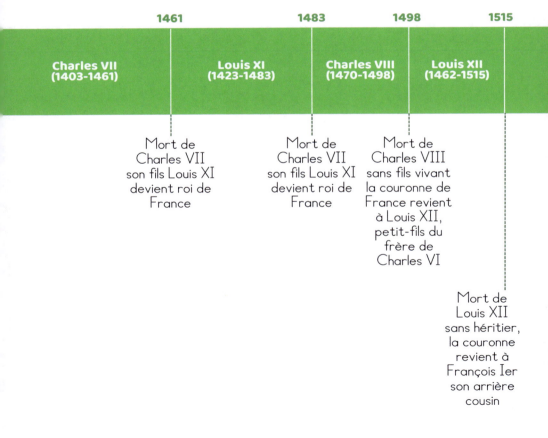

François Ier (1494-1547)

Roi de France de 1515 à 1547. Il a été un mécène des arts de la Renaissance, a combattu dans les guerres d'Italie et a conclu des alliances politiques importantes, mais est surtout connu pour sa rivalité avec l'empereur Charles Quint.

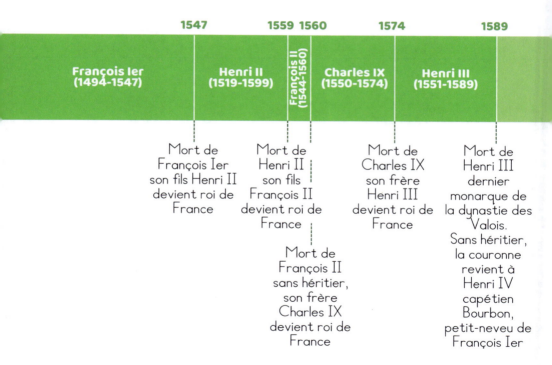

La dynastie des Bourbons

La Maison capétienne de Bourbon est une branche de la dynastie capétienne issue de Robert de France, comte de Clermont et sire de Creil, par son mariage avec Béatrice de Bourgogne. Robert, puis son fils Louis Ier, étaient comtes de Clermont-en-Beauvaisis, et furent donc les fondateurs de la Maison capétienne de Bourbon, Louis devenant le premier duc de Bourbon en 1327. Elle se scinde en de nombreuses sous-branches ; les branches issues de Henri IV ont donné la dynastie des Bourbons et ont régné sur plusieurs pays d'Europe. En France, son règne correspond à l'apogée de la monarchie absolue et à la prépondérance française en Europe.

Louis XIV (1638-1715)

Connu sous le nom de Roi-Soleil, roi de France de 1643 à 1715, soit pendant 72 ans. Il a gouverné pendant la majeure partie du XVIIe siècle, marquant son règne par l'absolutisme, l'agrandissement de Versailles pour en faire un palais royal et y déplacer le cour, ainsi que pour son rôle central dans la politique européenne.

La **Révolution française** et la **Iere République**

Amenée par la Révolution française, la Première République succède à la monarchie constitutionnelle qui disparaît le 10 août 1792 avec la prise du palais des Tuileries par les sans-culottes.

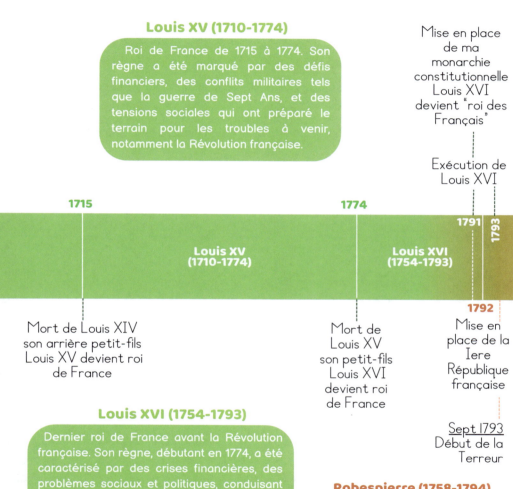

Louis XV (1710-1774)

Roi de France de 1715 à 1774. Son règne a été marqué par des défis financiers, des conflits militaires tels que la guerre de Sept Ans, et des tensions sociales qui ont préparé le terrain pour les troubles à venir, notamment la Révolution française.

Mise en place de ma monarchie constitutionnelle Louis XVI devient "roi des Français"

Exécution de Louis XVI

1715 — Mort de Louis XIV son arrière petit-fils Louis XV devient roi de France

1774 — Mort de Louis XV son petit-fils Louis XVI devient roi de France

1791

1792 — Mise en place de la Iere République française

1793

Sept 1793 — Début de la Terreur

Louis XVI (1754-1793)

Dernier roi de France avant la Révolution française. Son règne, débutant en 1774, a été caractérisé par des crises financières, des problèmes sociaux et politiques, conduisant à sa destitution et à son exécution par guillotine en 1793, marquant un tournant majeur dans l'histoire de la France.

Robespierre (1758-1794)

Avocat et homme politique français, une figure clé de la Révolution française. Il était membre influent du Comité de salut public pendant la Terreur, période caractérisée par des exécutions massives. Robespierre a finalement été arrêté et exécuté lui-même en 1794.

Le Ier Empire et la Restauration

Napoléon Bonaparte (1769-1821)

Militaire et homme d'État français, après avoir émergé comme le leader dominant à la suite de la Révolution française, il devient empereur en 1804. Il a mené des campagnes militaires réussies, établi le Premier Empire français et laissé une empreinte significative sur l'Europe avant sa défaite à Waterloo en 1815.

Louis XVIII (1755-1824)

Frère cadet de Louis XVI, roi de France de 1814 à 1824. Il a restauré la monarchie après la chute de Napoléon Bonaparte et a régné pendant la période de la Restauration, marquée par la réinstallation de la monarchie après la chute de l'Empire napoléonien.

Charles X (1757-1836)

Dernier roi de la branche aînée des Bourbons, il régna en tant que roi de France de 1824 à 1830. Son règne a été marqué par des tensions politiques croissantes, et il a été contraint d'abdiquer lors de la Révolution de Juillet en 1830, mettant fin à la monarchie absolue en France.

18 Mai 1804 Napoléon empereur des Français

26 Oct 1795 Début du Directoire

1804 — **1815** — **1830** — **1848**

- Ière République
- Ier Empire — Napoléon Bonaparte — 1814
- Restauration — Louis XVIII (1755-1824) | Charles X (1757-1836)
- Monarchie de Juillet — Louis-Philippe Ier (1773-1850)

---

27 Juil 1794 Chute de Robespierre Fin de la Terreur

9 Nov 1799 (18 brumaire) Coup d'État de Napoléon Bonaparte, début du Consulat

Première abdication de Napoléon

Seconde abdication de Napoléon **7 Juillet 1814** Chute de l'Empire

8 Juillet 1814 Louis XVIII, frère de Louis XVI monte sur le trône de France

1824 Mort de Louis XVIII son frère Charles X devient roi de France

Révolution de Juillet Abdication de Charles X

20 Décembre 1848 Début de la Seconde République Louis-Napoléon Bonaparte est élu président de la République

Louis-Philippe Ier (1773-1850)

Roi des Français de 1830 à 1848, succédant à Charles X après la Révolution de Juillet. Il a été le dernier monarque à régner en France, avant d'être renversé lors de la Révolution de 1848, qui a conduit à l'établissement de la Deuxième République.

Le 2nd Empire et la restauration de la République

Louis-Napoélon Bonaparte (1808-1873)

Napoléon III, de son vrai nom Louis-Napoléon Bonaparte, est le neveu de Napoléon Ier et le dernier monarque de la France. Il règne en tant que président durant la IIe République de 1848 à 1852 puis comme empereur des Français durant le Second Empire de 1852 à 1870. Son règne est marqué par des réformes économiques et urbaines, mais aussi par des conflits tels que la guerre de Crimée et la guerre franco-prussienne de 1870.

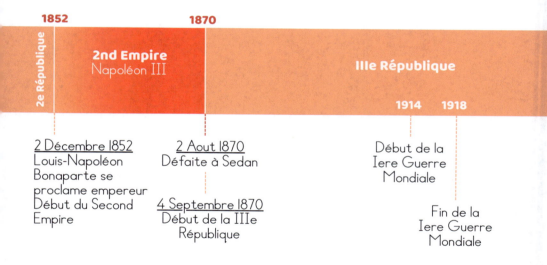

2 Décembre 1852
Louis-Napoléon Bonaparte se proclame empereur
Début du Second Empire

2 Aout 1870
Défaite à Sedan

4 Septembre 1870
Début de la IIIe République

1914 Début de la Iere Guerre Mondiale

1918 Fin de la Iere Guerre Mondiale

Le **Régime de Vichy** et le retour de la **République**

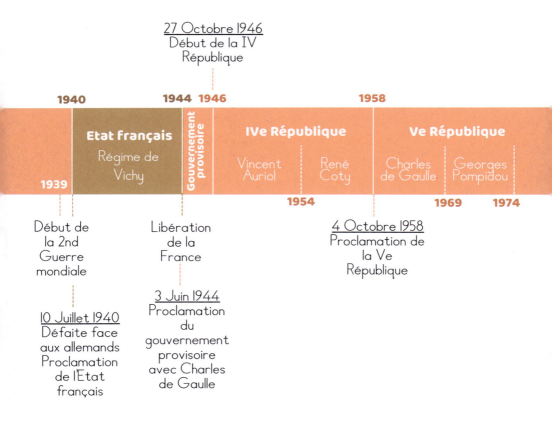

Ve République

Valéry Giscard d'Estaing	François Mitterand	Jacques Chirac	Nicolas Sarkozy	François Hollande	Emmanuel Macron
1981	1995	2007	2012	2017	...

Catherine Martin, L'Histoire de France, de la Préhistoire à nos jours. 2024.
Tous droits réservés.

Printed in France by Amazon
Brétigny-sur-Orge, FR